AF592280

VII

# CATALOGUE

DE

# MONNAIES GRECQUES ANTIQUES

EN OR ET EN ARGENT

COMPOSANT LA COLLECTION DE

FEU CLARENCE S. BEMENT

DE PHILADELPHIE (U. S. A.)

SECONDE PARTIE :

**ATTIQUE A MAURITANIE**

**incl.**

DONT LA VENTE AURA LIEU AUX ENCHÈRES PUBLIQUES

**LES 23 ET 24 JUIN 1924**

*de 9 heures à midi et de 14 à 18 heures*

**dans les Salles de l'Hôtel Schweizerhof,**

**à LUCERNE (Suisse)**

SOUS LA DIRECTION DE M. W. KUNDIG, LIBRAIRE-ANTIQUAIRE A GENÈVE, ASSISTÉ DE M. LUCIEN NAVILLE, DE LA MAISON NAVILLE & Cie, A GENÈVE

# CONDITIONS DE LA VENTE

Elle sera faite au comptant.

Les acquéreurs paieront 10 % en sus du prix d'adjudication.

Les pièces pourront être réunies en lot, et l'ordre des numéros modifié, le cas échéant.

Les enchères seront poussées par *minimum* de 1 franc jusqu'à 100 francs, de 5 francs jusqu'à 1000 francs et de 25 francs au-dessus de 1000 francs.

La collection sera visible au local de vente les 20 et 22 juin 1924.

L'authenticité des pièces est garantie.

L'exposition mettant le public à même de se rendre compte de l'état et de la nature des pièces, il ne sera admis aucune réclamation huit jours après la fin de la vente.

**M. W. KÜNDIG,** libraire-antiquaire à Genève, 1, place du Lac, et
**M. LUCIEN NAVILLE,** 6, rue Pécolat, à Genève,

se chargeront, aux conditions habituelles, soit cinq pour cent (5 %) sur le chiffre des adjudications, de l'exécution des ordres qu'on voudra bien leur confier; ils donneront, en outre, tous les renseignements qui pourraient être désirés.

*Pour les ordres télégraphiques ou autres, le présent Catalogue sera désigné par le mot* **"OLYMPE"**.

VII

COLLECTION CLARENCE S. BEMENT

DE PHILADELPHIE (U. S. A.)

# Monnaies Grecques Antiques

## en or et en argent

SECONDE PARTIE

## ATTIQUE A MAURITANIE

INCL.

Catalogue illustré de 31 planches

(n^os 38-68)

GENÈVE

NAVILLE & C^IE

AGENCE DES JOURNAUX

6 & 8, RUE PÉCOLAT

1924

| Nos | Poids en grammes | Métal et Module | |
|---|---|---|---|
| | | | **ATTIQUE** |
| | | | **Athènes.** |
| 1083 | 4.05 | Æ 15 | I. *Les monnaies pré-soloniennes et soloniennes. VIe siècle.* Partie postérieure de cheval debout à d. Cercle au pourtour. ℞. Carré creux, rude, partagé en quatre triangles par des diagonales très épaisses. BMC. (Central Greece) p. 136, 1/3. Bab. pl. 33, 5. Svoronos, Les Monnaies d'Athènes, Munich 1923, pl. 1, 28. Très rare. T.B. — Collection Paul Mathey, Paris. — |
| 1084 | 8.50 | Æ 20 | Roue à quatre rais rayonnant autour d'un moyeu central. ℞. Carré creux semblable au précédent. BMC. (Central Greece) p. 107, 609, var. Bab. pl. 33, 16. Svor. pl. I, 52. Comp. 187. Très rare. Très beau. |
| 1085 | 4.31 | Æ 15,5 | Roue à quatre rais rayonnant autour d'un moyeu central et soutenus, chacun, par deux contrefiches écartées. ℞. Semblable au précédent. BMC. l. c. p. 107, 10. Bab. pl. 33, 20. Svor. pl. I, 59. Très rare. Superbe. |
| 1086 | 8.46 | Æ 19 | Gorgoneion tirant la langue, les cheveux en boucles sur le front. ℞. Carré creux partagé en quatre triangles par deux diagonales qui se croisent; dans l'un des triangles, un muffle de lion, de face. BMC. l. c., p. 119, 6. Bab. pl. 31, 7. Svor. pl. I, 65. Comp. 180. Très rare et de toute beauté. |
| 1087 | 17.21 | Æ 21 | II. *De Solon à Pisistrate. 594-560.* Tête d'Athéna à d., coiffée d'un casque à cimier, orné d'une volute; les cheveux rangés en petites nattes autour du front; elle porte une grosse boucle d'oreilles ronde. ℞. ΑΘΕ· Chouette debout à d., la tête de face. En haut à g., pousse d'olivier avec une baie. Carré creux. BMC. 12. Bab. pl. 34, 14 Svor. pl. II, 30. T.B. |
| 1088 | 17.25 | Æ 19 | Autre exemplaire semblable; les cheveux retombent en bandeaux lisses sur l'épaule. BMC. 8 sq. Bab. pl. 34, 11. Svor. pl. III, 42. T.B. |
| 1089 | 17.05 | Æ 21 | III. *Epoque de Pisistrate. 560-514.* Tête semblable d'Athéna, le cimier du casque ornementé de lignes en zig-zag interponctuées. ℞. Semblable au précédent. BMC. 16. Bab. pl 34, 13. Svor. pl. IV, 16. Très beau. |
| 1090 | 17.69 | Æ 22 | IV. *La réforme d'Hippias. 514-511.* Tête semblable d'Athéna d'un style archaïque des plus charmants. ℞. Α-ΘΕ· Chouette debout à d., la tête de face. En haut à g., pousse d'olivier avec baie. Carré creux. BMC., Bab.—, cf. Svor. pl. VI, 11 à 13. Comp. 184. Très rare. Superbe. |
| 1091 | 16.67 | Æ 21 | Autre exemplaire semblable. Les cheveux arrangés en lignes perlées autour du front. ℞. Semblable au précédent. BMC., Bab., Svor.—. Style archaïque superbe. Superbe. — Ancienne collection Sevastopoulos, Athènes. — |

| Nos | Poids | Métal et Module | |
|---|---|---|---|
| 1092 | 1.06 | Æ 10 | Tête archaïque janiforme, à deux visages imberbes et diadémés, les cheveux striés; boucles d'oreilles rondes. ℞. ΑΘΕ· Tête d'Athéna à d., coiffée d'un casque à aigrette. Carré creux. BMC. 29, var. Bab. pl. 34, 19, var. Svor. pl. VII, 43. Très rare. Superbe. — Collection Paul Mathey. — |
| 1093 | 17.20 | Æ 24 | VI. *Marathon. 490-407.* Tête d'Athéna à d., coiffée du casque au cimier, orné sur le devant de trois feuilles d'olivier et sur le timbre d'une branche sinueuse terminée en fleuron. Les cheveux sont arrangés en bandeaux ondulés autour du front et relevés en chignon sur le cou; elle a des boucles d'oreilles rondes et un collier de perles. ℞. Α-ΘΕ· Chouette debout à d., la tête de face. Dans le champ à g., pousse d'olivier avec baie et un croissant. Carré creux très profond. BMC. 46 sq. Bab. pl. 35, 16. Svor. pl. IX, 3. Superbe. |
| 1094 | 17.42 | Æ 26 | Autre exemplaire semblable sur flan extrêmement large. BMC. 46 sq. Bab. pl. 35, 16. Svor. pl. XI, 4. Comp. 186. Superbe. — Collection R. Allatini, Londres. — |
| 1095 | 17.14 | Æ 24 | Autre exemplaire semblable d'un style différent. Bab. pl. 186, 4. Svor. pl. XI, 6. De toute beauté. |
| 1096 | 16.81 | Æ 24 | Autre exemplaire semblable. Bab. pl. 186, 3. Svor. pl. XI, 7. De toute beauté. |
| 1097 | 17.07 | Æ 26 | Autre exemplaire semblable. Svor. pl. XI, 15. De toute beauté. |
| 1098 | 16.95 | Æ 24 | Autre exemplaire semblable. Cf. Bab. pl. 186, 7. Svor. pl. XIII, 4. Très beau. |
| 1099 | 17.17 | Æ 25 | Autre exemplaire semblable. Cf. Bab. pl. 186, 10. Svor. pl. XIV, 2. Superbe. |
| 1100 | 3.97 | Æ 15 | Même description. BMC. 74 sq. Bab. pl. 187, 14. Svor. pl. VIII, 33. T.B. |
| 1101 | 4.12 | Æ 11 | Autre exemplaire semblable. Bab. pl. 187, 17. Svor. pl. VIII, 38. Superbe. |
| 1102 | 2.83 | Æ 11 | Autre exemplaire d'un style très particulier, avec casque sans aigrette, et à la légende ΑΘ· Imitation orientale (?). Superbe. |
| 1103 | 0.75 | Æ 9 | Même description. BMC. 96. Bab. pl. 188, 11. Svor. pl. VIII, 40. Superbe. |
| 1104 | 0.71 | Æ 9 | Un autre exemplaire semblable. Superbe. |
| 1105 | 0.72 | Æ 8 | Autre exemplaire semblable d'un style différent. Svor. pl. IX, 34. T.B. |
| 1106 | 0.69 | Æ 10 | Un deuxième exemplaire semblable. T.B. |
| 1107 | 0.35 | Æ 7 | Même description. BMC. 112 sq. Bab. pl. 188, 19. Svor. pl. VIII, 48. T.B. |
| 1108 | 0.16 | Æ 5 | Même tête d'Athéna. ℞. ΑΘΕ· Croissant. Carré creux. BMC. 197 sq. Bab. pl. 188, 34. Svor. pl. XVII, 53. Beau. |
| 1109 | 17.19 | Æ 24 | *393-338. Sous Philippe II de Macédoine.* Tête semblable d'Athéna d'un style plus récent. ℞. ΑΘΕ· Chouette debout à d., la tête de face. Dans le champ à g., pousse d'olivier et un petit croissant. Carré creux. BMC. 139 sq. Bab. pl. 190, 3. Svor. pl. XIX, 16. F.D.C. |

| Nos | Poids | Métal et Module | |
|---|---|---|---|
| 1110 | 17.09 | Æ 22 | Autre exemplaire semblable. BMC. 146. Bab. pl. 190, 4. Svor. pl. XIX, 17. Superbe. |
| 1111 | 17.02 | Æ 22 | Autre exemplaire semblable d'un style différent. Cf. Bab. pl. 191, 4. Svor. pl. XIX, 30. Très beau. — Collection Hidden, Londres. — |
| 1112 | 4.24 | Æ 18 | Même description. BMC. 150 sq. Bab. pl. 190, 9, var. Superbe. |
| 1113 | 4.27 | Æ 15 | Autre exemplaire semblable, d'un style plus rude et de fabrique globuleuse. Cf. BMC. pl. 7, 2, et Bab. pl. 190, 8. Très beau. |
| 1114 | 1.97 | Æ 12 | Même tête d'Athéna, d'un style plus ancien. ℞. Α ЭΘ Chouette debout, de face. De chaque côté, une branche d'olivier pendant de haut en bas. BMC. 162 sq. Bab. pl. 190, 13. T.B. |
| 1115 | 16.95 | Æ 22 | *338-329. Epoque d'Alexandre le Grand et de ses successeurs.* Même tête d'Athéna d'un style plus récent. ℞. ΑΘΕ· Chouette debout à d., la tête de face. Derrière, un petit croissant; la pousse d'olivier (hors du flan). Le carré creux, à peine indiqué. Bab. pl. 191, 4. Svor. pl. XX, 34. Superbe. |
| 1116 | 17.17 | Æ 23 | Autre exemplaire semblable, d'un style rude et probablement de fabrique asiatique. Superbe. |
| 1117 | 16.81 | Æ 28 | *Nouveau style. 196-87.* Tête d'Athéna Parthénos à d., coiffée du casque athénien à triple aigrette, orné sur la calotte d'un pégase, et, au-dessus de la visière, de protomés de chevaux; elle porte des boucles d'oreilles. Grènetis. ℞. Α-ΘΕ· Chouette debout de face sur une amphore couchée. Dans le champ à d. et à g., les noms de magistrats, **ΑΜΜ \| ΩΝΙ \| ΟΣ \| ΑΛΚΙ \| ΓΟΣ-ΚΑΛ \| ΛΙΑΣ** et deux torches allumées; sur l'amphore, Θ (?); au-dessous, **ΜΕ**. Couronne d'olivier au pourtour. BMC. 316, var. T.B. |
| 1118 | 16.35 | Æ 30 | Autre exemplaire semblable. Mag., **ΑΓ \| ΑΙ \| ΓΟΡ \| ΓΙ \| ΑΣ \| ΑΡΓΕΙ-ΕΑ \| ΚΩΝ** et griffon bondissant à d.; dessous, **ΟΣ**· Sur l'amphore, **Λ**; dessous, **ΔΑ**. BMC. 327. De toute beauté. — Collection R. Allatini, Londres. — |
| 1119 | 16.52 | Æ 29,5 | Autre exemplaire. Mag., **ΑΡΙ \| ΩΝ \| ΦΙ \| ΛΩΝ \| ΘΕ \| Ο-ΣΤΙ** et Pégase buvant à g. Sur l'amphore, **Ζ**; dessous, **ΠΕ**. BMC. 332, var. Très beau. — Collection R. Allatini. — |
| 1120 | 16.70 | Æ 30 | Autre exemplaire semblable. Mag., **ΑΡΙ** et massue surmontée de la peau de lion avec arc dans le goryte — **ΗΡΑ \| ΣΤΟΦ \| ΦΙΛΩ**· Sur l'amphore, **Ε**· Dessous, **ΓΛ**· Cf. BMC. 334. De toute beauté. |
| 1121 | 16.72 | Æ 31 | Autre exemplaire. Mag., **ΓΛ \| ΑΥ** et **ΗΡ-ΕΧΕ** et buste d'Hélios radié de face. Sur l'amphore, **Λ**· BMC.—, cf. BMC. 352/3. Superbe. — Ancienne collection Sevastopoulos, Athènes. — |
| 1122 | 16.64 | Æ 32,5 | Autre exemplaire. Mag., **ΔΗ \| ΜΗ** et **ΜΗ-ΙΕ \| ΡΩ** et casque macédonien surmonté d'une étoile. BMC. 367 sq., var. Superbe. |
| 1123 | 16.65 | Æ 30 | Autre exemplaire. Mag., **ΚΑΛ \| ΛΙΚΡΑ** et aigle debout à d. sur un foudre — **ΕΠΙ \| ΓΕΝΗ \| ΣΩΣΑΝ \| ΔΡΟΣ**· Sur l'amphore, **Α**; dessous, **ΜΕ**· BMC. 394. T.B. — Collection R. Allatini, Londres. — |

| Nos | Poids | Métal et Module | |
|---|---|---|---|
| 1124 | 16.42 | Æ 29 | Autre exemplaire. Mag., **ΗΛΙ \| ΟΔΩ** et aigle debout à d. sur un foudre — **ΕΠΙ \| ΓΕΝΗ \| ΣΩΣΑΝ \| ΔΡΟΣ**· Sur l'amphore, **Ε**; en bas, **ΜΕ**. BMC. 397. Superbe. |
| 1125 | 16.87 | Æ 27 | Autre exemplaire. Mag., **ΘΕΟ \| ΔΟ \| ΤΟΣ \| ΣΩ \| ΤΑΣ-ΚΛΕ \| ΟΦΑ \| ΝΗΣ**; sans symbole. Sur l'amphore, **Β**· BMC. 421. De toute beauté.<br>— Vente Earle, Philadelphie 1912. — |
| 1126 | 16.85 | Æ 30 | Autre exemplaire. Mag., **ΘΕΟ** et foudre ailé — **ΦΡΑ \| ΣΩΤΑ \| ΑΜΦΙΚ**· Sur l'amphore, **Κ**; dessous, **ΜΕ**· BMC.—, cf. BMC. 426/27. Superbe.<br>— Collection R. Allatini, Londres. — |
| 1127 | 16.19 | Æ 28 | Autre exemplaire. Mag., **ΞΞ \| ΚΛΗΣ \| ΑΡΜΟ \| ΞΕ \| ΝΟΣ-ΝΟ** et figure assise de face sur un trône (Q. Cæcilius Metellus?), s'appuyant sur un sceptre et tenant sur le genou un bâton transversal terminé en corne. Sur l'amphore, **Ε**; en bas, **ΔΙ**· BMC.—, cf. BMC. 484 et pl. XII, 5. T.B. |
| 1128 | 16.69 | Æ 30 | Autre exemplaire. Mag., **ΠΟΛΥ** et caducée ailé — **ΧΑΡΜ \| ΝΙΚΟΓ \| ΘΕΜΙΣ \| ΤΟΚΛΗ**· Sur l'amphore, **Ξ**; en bas, **ΜΕ**· BMC. 494, var. Très beau. |
| 1129 | 16.55 | Æ 28 | Autre exemplaire. Mag., **ΦΙΛΟ \| ΤΗΣ \| ΚΑΛΛΙ \| ΦΩΝ-ΚΡΑ** et Niké courant à g., portant une couronne et une palme. BMC. 511. Superbe.<br>— Collection R. Allatini, Londres. — |
| 1130 | 4.14 | Æ 18 | Même type d'Athéna et de la chouette. Mag., **ΜΕ** et bâton d'Asclépios — **ΝΕ \| ΕΠΙ \| ΛΥΣ**· Sur l'amphore, **Ι**· BMC. 447. T.B.<br>— Collection R. Allatini, Londres. — |
| 1131 | 2.01 | Æ 14 | Tête d'Athéna à d., coiffée du casque athénien à aigrette. Grènetis. ℟. **Α-ΘΕ**· Chouette debout à d., la tête de face, sur une palme (?). Mag., **ΤΙ** et ancre — **ΜΑ \| ΝΙΚ \| ΣΩΣΙ**· BMC.—, cf. BMC. 501. T.B. |

## MÉGARIDE

### Mégare.

| Nos | Poids | Métal et Module | |
|---|---|---|---|
| 1132 | 4.17 | Æ 18,5 | *Après 307*. Tête laurée d'Apollon à d., les cheveux retombant sur la nuque. ℟. **ΜΕΓΑ-ΡΕΩΝ**· Lyre. BMC. p. 119, 8. Comp. 188. Très rare. De toute beauté.<br>— Collection Maxime Collignon, Paris 1919, n° 265. — |
| 1133 | 2.04 | Æ 14 | Même description. Une bandelette pend du côté d. de la lyre. BMC. 10. T.B. |

## EGINE

| Nos | Poids | Métal et Module | |
|---|---|---|---|
| 1134 | 12.15 | Æ 25 × 13 | *VIIe siècle*. Tortue à carapace lisse. ℟. Carré creux à compartiments irréguliers. BMC.—. Bab. pl. 29, 1. Comp. 189. B. |
| 1135 | 3.01 | Æ 13 | Même tortue. ℟. Carré creux divisé en huit triangles, dont cinq en creux. BMC. 47. Bab. pl. 29, 5. Très beau. |
| 1136 | 12.32 | Æ 21 | *Premier tiers du VIe siècle*. Tortue à carapace lisse, la partie médiane ornée d'une ligne verticale de globules. ℟. Carré creux partagé par des lignes en huit compartiments, en creux et en relief. BMC. 8, sq. Bab. pl. 29, 8. De toute beauté. |

| Nos | Poids | Métal et Module | |
|---|---|---|---|
| 1137 | 12.13 | AR$^{20}$ | Un deuxième exemplaire semblable. Superbe. |
| 1138 | 12.20 | AR<br>21 × 15 | *VIe siècle.* Tortue à carapace lisse. ℞. Carré creux partagé en cinq compartiments irréguliers par de larges bandes en relief. BMC.—. Bab. pl. 30, 4. Comp. 190. B. |
| 1139 | 12.19 | AR$^{22}$ | *520-480.* Tortue à carapace lisse, la partie médiane ornée d'une ligne de globules, et en outre de deux globules latéraux auprès du col. ℞. Carré creux partagé en cinq compartiments irréguliers par de larges bandes en relief. BMC. 85 sq. Bab. pl. 30, 17. Très beau. |
| 1140 | 12.48 | AR$^{22}$ | Autre exemplaire semblable. Bab. pl. 30, 18. Très beau. |
| 1141 | 0.99 | AR$^{10}$ | Même description. BMC. 115 sq. Bab. pl. 30, 7. Superbe. |
| 1142 | 12.22 | AR$^{21}$ | *Avant 490.* Tortue dont la carapace est formée de trois rangs d'écailles. ℞. Carré creux partagé en huit triangles par des diagonales qui se croisent au centre. BMC.—. Bab. pl. 194, 11. Comp. 191. Très rare. Très beau.<br>— Vente Sandeman, Londres 1911. — |
| 1143 | 12.38 | AR$^{20}$ | *480-456.* Tortue (*testudo græca*) dont la carapace est formée de trois rangs d'écailles. ℞. Carré creux semblable au précédent. BMC. 146 sq. Bab. pl. 194, 15. T. B. |
| 1144 | 11.95 | AR$^{24}$ | Autre exemplaire semblable, d'un style plus avancé. La tortue est plus large, la carapace très soignée et entourée d'un cordon de petites écailles. ℞. Carré creux semblable au précédent; les bandes qui le partagent sont beaucoup plus minces. BMC. 165. Bab. pl. 194, 20. Très beau. |
| 1145 | 4.99 | AR$^{17,5}$ | *456-431.* Type semblable de tortue; la carapace entourée de gros globules. ℞. Même carré creux; dans l'un des compartiments, :. BMC. 170. Bab. pl. 195, 1. Très beau. |
| 1146 | 12.21 | AR$^{25}$ | *404-348.* Tortue comme ci-dessus, la carapace très ornée et entourée d'un cordon de petites écailles. ℞. Α-ΙΓ dans deux compartiments du carré creux; dans un troisième, dauphin, la tête en haut. BMC. 187 sq., var. Bab. pl. 195, 10. Superbe.<br>— Collection consul Ed F. Weber, Hambourg. Cat. Hirsch XXI, no 1760. — |
| 1147 | 5.72 | AR$^{19}$ | Α-Ι· Même tortue, de très beau style. ℞. Ν-Ι dans deux compartiments du carré creux; dans le troisième, dauphin, la tête en haut. BMC. 197. Bab. pl. 195, 14. Superbe.<br>— Vente Headlam, Londres 1916, no 355. — |
| 1148 | 0.93 | AR$^{13}$ | Même droit. ℞. Carré creux comme ci-dessus; dans deux compartiments, Δ-Ι· BMC. 199. Bab. pl. 195, 16. Flan très large. Superbe.<br>— Vente Headlam, Londres 1916, no 355. — |
| 1149 | 0.94 | AR$^{11}$ | Autre exemplaire semblable; dans deux compartiments du carré creux, Ν-Ι· BMC. 203. Bab. pl. 195, type 16. Très beau.<br>— Vente Headlam, Londres 1916, no 355. — |
| | | | **CORINTHE** |
| 1150 | 2.58 | AR$^{17}$ | *Temps de Périandre. 625-550.* Pégase bridé, galopant à g., les ailes recroquevillées. Dessous, ϙ· ℞. Carré creux en forme de « swastika ». BMC. p. 3, 26 sq. Bab. pl. 36, 4. Très beau. |

| Nos | Poids | Métal et Module | |
|---|---|---|---|
| 1151 | 8.35 | AR 25 | *550-520.* Pégase bridé se cabrant à g., les ailes recroquevillées. Au dessous, ϙ· ℟. Carré creux partagé en quatre carrés contenant chacun un globule allongé (*croix gammée*). BMC. 19. Bab. pl. 36, 10. Comp. 192. Superbe. |
| 1152 | 8.61 | AR 17 | *520-430.* Pégase bridé, volant à g., les ailes recroquevillées. Au-dessous, ϙ· ℟. Tête d'Athéna Chalinitis à d., coiffée du casque corinthien et portant un collier de perles; les cheveux en pointillé sur le front et retombant dans la nuque. Carré creux bordé d'un carré linéaire. BMC. 55. Bab. pl. 36, 18. T.B. |
| 1153 | 8.55 | AR 18 | Type semblable de Pégase à d. Au-dessous, ϙ· ℟. Petite tête d'Athéna Chalinitis à d. semblable à la précédente, d'un très beau style archaïque. Carré creux assez profond. BMC. et Bab.—. Superbe. |
| 1154 | 8.70 | AR 19 | Type semblable de Pégase à g. Au-dessous, ϙ· ℟. Tête d'Athéna Chalinitis à d., coiffée du casque corinthien et portant un collier de perles; les cheveux retombant sur la nuque et noués au bout. Carré creux. BMC. 57. Bab. pl. 36, 20. Superbe. |
| 1155 | 8.48 | AR 18 | Un deuxième exemplaire. Très beau. |
| 1156 | 8.55 | AR 20,5 | Autre exemplaire semblable. Pégase volant à d. Dessous, ϙ· La tête d'Athéna plus grande et d'un style différent. BMC.—. Bab. pl. 208, 7. Superbe. |
| 1157 | 2.83 | AR 12,5 | Pégase bridé à g., les ailes recroquevillées. Au-dessous, ϙ· ℟. Tête d'Aphrodite diadémée à d., les cheveux retombant sur la nuque et retroussés en catogan. Carré creux. BMC. 79. Bab. pl. 208, 14. T.B. |
| 1158 | 2.83 | AR 14 | Même type de Pégase à d. Au-dessous, ϙ· ℟. Tête d'Athéna Chalinitis (comme sur le statère) à d. Carré creux brodé d'un carré linéaire. BMC. 87 sq. var. Bab. pl. 208, 18. Superbe. |
| 1159 | 1.35 | AR 10 | Protomé de Pégase bridé, bondissant à g. ℟. Tête diadémée d'Aphrodite à d., comme ci-dessus. Carré creux. BMC. 91 sq. Bab. pl. 208, 21. T.B. |
| 1160 | 0.92 | AR 8 | Tête de cheval (Pégase) bridé à g. Devant, ϙ· ℟. Δ dans un carré creux. BMC. 97. Bab. pl. 208, 25. T.B. |
| 1161 | 2.80 | AR 14 | *430-400.* Pégase volant à d., les ailes pointues. Dessous, ϙ· ℟. Tête d'Aphrodite à g., les cheveux ondulés et relevés par un bandeau. Carré creux. BMC. 117. Bab. pl. 209, 1 et 2. Magnifique style de transition. Superbe. |
| 1162 | 0.78 | AR 12 | Pégase volant à g., les ailes recroquevillées. Dessous, ϙ· ℟. Δ-I-O (διώβολον). Pégase de face, la tête à g., prenant son vol, les ailes recroquevillées. Carré creux. BMC. 119. Bab. pl. 209, 3. T.B. |
| 1163 | 8.65 | AR 20 | *400-338.* Pégase volant à g., les ailes pointues. Sans lettres au-dessous. ℟. Tête d'Athéna Chalinitis à g., coiffée du casque corinthien muni du couvre-nuque, et les cheveux retombant sur la nuque. Champ concave. Cf. BMC. p. 12, 124, var., et p. 141, 5 sq., var., et Bab. pl. 209, 6. Superbe. |
| 1164 | 8.48 | AR 21 | Pégase debout à g., les ailes pointues, levant la jambe d. de devant, la tête baissée pour s'abreuver, et ramenant sa queue entre les jambes. Dessous, ϙ· ℟. Même tête d'Athéna. Derrière, protomé de cheval au galop à d. BMC.—. Bab. pl. 210, 14, var. Très rare. Superbe. |

| Nos | Poids | Métal et Module | |
|---|---|---|---|
| 1165 | 8.53 | Æ 22 | Un autre exemplaire semblable avec la tête d'Athéna à d. et la protomé à g. Bab. pl. 210, 14. Beau. |
| 1166 | 8.68 | Æ 21,5 | Pégase, non bridé, volant à g. Dessous, ϙ· ℞. Pareil au précédent. BMC. 128, var. Bab. pl. 209, 8. Superbe.<br>— Collection R. Allatini, Londres. — |
| 1167 | 8.51 | Æ 23 | Autre exemplaire. Derrière la tête d'Athéna, une rose sur sa tige. BMC. 130. Bab. pl. 209, 12. Superbe. |
| 1168 | 8.45 | Æ 23 | Autre exemplaire semblable. Derrière la tête d'Athéna, une fleur liliacée. BMC. 129. Bab. III, p. 405, 494. Superbe. |
| 1169 | 8.34 | Æ 22 | Pégase bridé au pas à g., les ailes recroquevillées. Dessous, ϙ· ℞. Même tête d'Athéna à g.; au-dessus du casque, un dauphin à g.; derrière, un coq à d., becquetant. BMC.—, Bab.—, cf. BMC. 153 et Bab. pl. 209, 20. T.B. |
| 1170 | 8.45 | Æ 19 | Autre exemplaire semblable; mais une palmette derrière la tête d'Athéna. BMC. 160, var. Bab. pl. 210, 7. Superbe. |
| 1171 | 8.59 | Æ 23 | Pégase volant à g. Dessous, ϙ· ℞. Même tête d'Athéna; derrière, ornement d'acanthe. BMC. 155. Bab. pl. 209, 23. F. D. C. |
| 1172 | 8.65 | Æ 21 | Autre exemplaire semblable; la tête d'Athéna à d. Derrière, une feuille de lierre. BMC.—. Bab. pl. 209, 24. F. D. C. |
| 1173 | 8.60 | Æ 22 | Autre exemplaire semblable. La tête d'Athéna à g. Derrière, main g. ouverte. BMC., Bab.—. Superbe.<br>— Ce symbole paraît inédit. — |
| 1174 | 8.44 | Æ 21 | Pégase bridé, volant à d. Au-dessous, ϙ· ℞. Même tête d'Athéna à d. Derrière, un casque macédonien avec ses attaches. BMC., Bab.—. Superbe. |
| 1175 | 8.52 | Æ 20 | Pégase volant à g. ℞. Tête semblable d'Athéna; dans le champ à d., tête de lion à d. Derrière, statue archaïque de Zeus nu à g., tenant un foudre et un sceptre transversal. BMC. 171. Bab. pl. 210, 1. T.B. |
| 1176 | 8.39 | Æ 21,5 | Pégase buvant à d.; il a les deux jambes de devant allongées et les ailes recroquevillées. Dessous, ϙ· ℞. Même tête d'Athéna; dans le champ à d., dauphin à d. Derrière, statue archaïque de Poseidon nu à d., tenant un long bâton transversal et un dauphin sur la main g. BMC. 167, var. Bab. pl. 210, 16. Très rare. T.B. |
| 1177 | 8.50 | Æ 22 | Pégase bridé, debout à d., au repos, les ailes recroquevillées; il est attaché par sa longe à un anneau. Dessous, ϙ· ℞. Tête semblable d'Athéna; derrière, un aplustre. BMC. 147. Bab. pl. 210, 6. Très beau style. De toute beauté.<br>— Collection Paul Mathey, Paris. — |
| 1178 | 8.42 | Æ 21 | Pégase bridé debout à g., les ailes recroquevillées, levant le pied d. de devant. Au-dessous, ϙ· ℞. Même tête d'Athéna. Dans le champ à d., un dauphin; derrière, une grappe de raisins. BMC. 163. Bab. III, p. 407, 499. T.B. |
| 1179 | 8.49 | Æ 22,5 | Pégase debout à g., les ailes pointues, levant la jambe d. de devant, la tête baissée pour s'abreuver et ramenant sa queue entre les jambes. La longe traîne par terre. Dessous, ϙ· ℞. Tête semblable d'Athéna à g., sans symbole. BMC. 173. Bab. pl. 210. 13. Très rare. T.B. |

| Nos | Poids | Métal et Module | |
|---|---|---|---|
| 1180 | 8.60 | Æ 21 | *400-350. Avec symbole et lettres.* Pégase d'un style superbe, au pas à d., les ailes recroquevillées. Dessous, ϘE. Tête d'Athéna Chalinitis à g., coiffée du casque corinthien muni du couvre-nuque. — Derrière, Ǝ et protomé de taureau fonçant à g. BMC. p. 36, 325. Bab. pl. 211, 3. Superbe. — Collection Paul Mathey, Paris. — |
| 1181 | 8.32 | Æ 20 | Pégase, les ailes pointues, volant à g. Dessous, Ϙ. ℟. Même tête d'Athéna à g. Derrière, E et torche allumée. BMC. 326. Bab. pl. 211, 4. Très beau. — Collection Joseph E. Gay. — |
| 1182 | 8.24 | Æ 21 | Pégase bridé volant à d., les brides flottant en l'air. ℟. Même tête d'Athéna à d. Dans le champ à d., ·Y· Derrière, un trépied. BMC. 343, var. Bab. pl. 211, 13. Superbe. |
| 1183 | 8.45 | Æ 21 | Pégase debout au pas à g., les ailes recroquevillées. Dessous, Ϙ. ℟. Même tête d'Athéna à g. Dans le champ à g., un dauphin; autour, Ǝ-Y-8; derrière, une rose sur sa tige. BMC. 345, var. Bab. pl. 211, 17, var. T.B. |
| 1184 | 8.48 | Æ 23 | Pégase, les ailes pointues, se cabrant. Dessous, Ϙ. ℟. ΘYƎ (en haut à d.). Même tête d'Athéna à d. Derrière, une bourse. BMC. p. 147, 346[a]. Bab. III, p. 419, 539. Superbe. |
| 1185 | 8.43 | Æ 22 | Autre exemplaire semblable. Derrière la tête d'Athéna, double chouette à une seule tête. BMC. 346/7, var. Bab. pl. 211, 18. T.B. |
| 1186 | 8.62 | Æ 21,5 | Pégase bridé, volant à d.; les brides flottant en l'air. Dessous, Ϙ. ℟. Semblable au précédent. Derrière la tête d'Athéna, un aplustre. BMC.—. Bab. pl. 211, 20. Superbe. — Cat. Hirsch XXXI, nº 360. — |
| 1187 | 8.46 | Æ 21,5 | Même Pégase, pas bridé et sans le Ϙ. ℟. Même tête d'Athéna. Sous le menton, Ϙ; derrière, Ξ; à d. en haut, un dauphin à d. BMC. 387, var. Bab. pl. 211, 27, var. Superbe. |
| 1188 | 2.30 | Æ 16 | Pégase volant à g., dessous, Ϙ. ℟. Tête d'Aphrodite à g., les cheveux relevés. Derrière, Δ dans une couronne. BMC. 297. Bab. pl. 213, 6. T. B. |
| 1189 | 2.35 | Æ 11,5 | Protomé de pégase volant à g. Dessous, Ϙ. ℟. Ǝ-P. Tête d'Aphrodite à d., les cheveux relevés. BMC. 331, var. Bab. p. 210, 20. T.B. |
| 1190 | 8.53 | Æ 19,5 | *350-338.* Pégase volant à g. Dessous, Ϙ. ℟. Tête d'Athéna Chalinitis à g., comme ci-dessus. Sous le menton A; derrière, astragale. BMC. p. 22, 222. Bab. III, 212, 6. Superbe. |
| 1191 | 8.51 | Æ 22 | Autre exemplaire semblable. Sous le menton d'Athéna, A-Λ; derrière, une roue. Le couvre-nuque perlé. BMC. 242. Bab. pl. 212, 16. F.D.C. |
| 1192 | 8.30 | Æ 24 | Autre exemplaire semblable. Derrière la tête d'Athéna, un masque de Silène de face. BMC. 245. Bab. pl. 212, 18. Superbe. |
| 1193 | 8.58 | Æ 20 | Autre exemplaire. Derrière la tête d'Athéna, un thyrse orné de bandelettes; sous le menton, Γ. BMC. 279. Bab. pl. 212, 25. Superbe. |
| 1194 | 8.50 | Æ 21 | Un deuxième exemplaire. T.B. |
| 1195 | 8.42 | Æ 21 | Autre exemplaire semblable. Derrière la tête d'Athéna, colombe volant à g. dans une couronne d'olivier. BMC. 282. Bab. pl. 212, 26. Superbe. |

| Nos | Poids | Métal et Module | |
|---|---|---|---|
| 1196 | 8.52 | Æ 22 | Autre exemplaire semblable. Derrière la tête d'Athéna, Δ et un cratère. BMC. 288. Bab. pl. 213, 2. Superbe. |
| 1197 | 8.22 | Æ 22 | Pégase volant à d. Sans lettre sous le ventre (?). ℞. Même tête d'Athéna Chalinitis à d. Derrière, feuille de vigne sur son cep. BMC., Bab.—. Superbe. |
| 1198 | 8.50 | Æ 21 | Pégase volant à g. Dessous, ϙ· ℞. Même tête d'Athéna à g. Derrière, N dans une couronne d'épis. BMC. 372. Bab. pl. 213, 12. Très beau. — Collection Joseph E. Gay. — |
| 1199 | 8.52 | Æ 21 | Autre exemplaire semblable. Derrière la tête d'Athéna, N et triskèle formée de trois croissants dans un cercle. BMC. 373. Bab. III, pl. 213, 13. Superbe. |
| 1200 | 8.52 | Æ 20 | Autre exemplaire semblable. Derrière la tête d'Athéna, N et Arès debout à g., casqué, armé de la lance et du bouclier. BMC. 375. Bab. pl. 213, 15. Superbe. |
| 1201 | 8.50 | Æ 21 | Autre exemplaire. Tête d'Athéna à d. Derrière, N et bucrane. BMC. 380. Bab. pl. 213, 18. Superbe. — Vente Earle, Philadelphie 1912. — |
| 1202 | 4.11 | Æ 17 | Bellérophon chevauchant Pégase qui vole à d. Dessous, ϙ· ℞. Chimère à g., rugissant; entre les pattes de derrière, ΔΙ· Sur la ligne d'ex., une amphore. Champ concave. BMC. p. 35, 319. Bab. pl. 213, 9. Comp. 193. Très rare. Superbe. — Collection Paul Mathey, Paris. — |
| 1203 | 1.06 | Æ 11,5 | Protomé de Pégase à g. ℞. Tête d'Aphrodite à g., les cheveux dans un sakkos. BMC. p. 24, 234, var. Bab. 213, 8, var. Beau. |
| 1204 | 0.79 | Æ 10,5 | Pégase volant à g. Dessous, ϙ· ℞. Pégase, les ailes recroquevillées, au trot à d. Dans le champ à d., Α· BMC. p. 24, 238. Bab. pl. 212, 14. Superbe. |
| 1205 | 8.50 | Æ 25 | *338-300.* Pégase volant à g. Dessous, ϙ· ℞. Α-Ρ· Tête d'Athéna Chalinitis à g., comme ci-dessus; la calotte du casque ornée d'une branche d'olivier à deux rameaux. Derrière, une feuille de lierre. BMC. 249. Bab. III, pl. 433, 583. Superbe. — Collection Joseph E. Gay. — |
| 1206 | 8.58 | Æ 22,5 | Autre exemplaire semblable, la calotte ornée d'une branche d'olivier. Derrière, égide avec la tête de Gorgone de face. BMC. 253. Bab. pl. 213, 27. Superbe. |
| 1207 | 8.54 | Æ 22 | Autre exemplaire semblable. Derrière la tête d'Athéna, chimère bondissant à g. BMC. 255. Bab. p. 213, 28. Superbe. |
| 1208 | 8.48 | Æ 23 | Autre exemplaire semblable. Derrière la tête d'Athéna, petit globule et palladium à d. BMC. 256. Bab. pl. 213, 29. Superbe. |
| 1209 | 8.57 | Æ 21 | Autre exemplaire semblable. Derrière la tête d'Athéna, corne d'abondance surmontée de deux épis. BMC. 257. Bab. pl. 213, 30. Superbe. |
| 1210 | 8.60 | Æ 21 | Autre exemplaire semblable. Symbole, aigle debout à g., détournant la tête. BMC. 259. Bab. pl. 213, 31. Superbe. |
| 1211 | 8.57 | Æ 20 | Autre exemplaire semblable. Le casque d'Athéna lisse; derrière, un triton anguipède. BMC.—. Bab. pl. 213, 33. Rare. Superbe. — Collection Joseph E. Gay. — |

| Nos | Poids | Métal et Module | |
|---|---|---|---|
| 1212 | 8.57 | Æ 20 | Autre exemplaire semblable, avec Δ-I et derrière la tête d'Athéna, Zeus aëtophore assis à g., tenant le foudre. BMC. 308. Bab. pl. 214, 1. Superbe. |
| 1213 | 8.58 | Æ 21 | Autre exemplaire semblable. Symbole, Artémis chasseresse debout à d., tirant de l'arc. BMC. 312. Bab. pl. 214, 4. Superbe. |
| 1214 | 8.53 | Æ 20 | Autre exemplaire semblable. Symbole, Artémis (?) courant à d., tenant une torche et une branche de laurier sur l'épaule. BMC. 317. Bab. pl. 214, 5. Très beau. |
| 1215 | 8.55 | Æ 22 | Autre exemplaire semblable. Derrière la tête d'Athéna, ΔI et pomme de pin sur sa tige. BMC.—. Bab. pl. 214, 9. Superbe. |
| 1216 | 8.52 | Æ 22 | Autre exemplaire semblable. Sous le menton d'Athéna, I; derrière la tête, Niké volant à g. tenant une bandelette. BMC. 350. Bab. pl. 214, 13. Superbe. |
| 1217 | 7.95 | Æ 22 | Un deuxième exemplaire. Fourré. B. |
| 1218 | 2.64 | Æ 16 | Pégase volant à d. Dessous, ϙ · ℞. Tête d'Aphrodite à g. portant des boucles d'oreilles et un collier; les cheveux relevés dans un sakkos avec une floche pendante, ampyx sur le front. BMC. 184. Bab. pl. 214, 10, var. Superbe. |
| 1219 | 2.65 | Æ 15 | Autre exemplaire semblable avec la tête d'Aphrodite à d. BMC. 186. Superbe. |
| 1220 | 1.92 | Æ 14 | *300-243*. Pégase volant à g. Dessous, ϙ · ℞. K - Λ · Tête d'Aphrodite à g., les cheveux relevés, quelques mèches retombant sur la nuque. BMC. 366. Très beau. |
| 1221 | 2.03 | Æ 15.5 | Même droit. ℞. Tête d'Aphrodite à g. portant des boucles d'oreilles et un collier de perles; les cheveux ondulés et relevés par une sphendone. Derrière, monogr. BMC. 410. Très beau. |
| 1222 | 2.52 | Æ 14 | Autre exemplaire semblable, avec le monogr. [monogr.] · BMC.—, cf. BMC. p. 50, 410. Très beau. |
| 1223 | 2.20 | Æ 14 | Autre exemplaire semblable; la tête d'Aphrodite à d., les cheveux relevés en chignon. Derrière, [monogr.]. BMC. 415. Très beau. |
| 1224 | 2.07 | Æ 16 | Autre exemplaire semblable, mais le monogr. très distinct, [monogr.]. BMC. 415, var. Très beau. |
| 1225 | 2.17 | Æ 15 | Autre exemplaire semblable. Tête d'Aphrodite portant des boucles d'oreilles en forme de colombe, les cheveux relevés dans une sorte de sphendone ressemblant à un casque ouvert en arrière. Sous le menton, [monogr.]; derrière, une palme et O · BMC. 417, var. T.B. |
| 1226 | 2.71 | Æ 14 | Autre exemplaire semblable; la tête d'Aphrodite à d., les cheveux relevés dans un sakkos. Derrière, [monogr.] · BMC. 418. Superbe. |
| 1227 | 1.47 | Æ 14 | *Atelier monétaire incertain. Après 338*. Pégase volant à d. Dessous, AY · ℞. Tête d'Aphrodite à g., les cheveux ondulés et liés par une double bandelette, relevés en chignon. Derrière [monogr.] · BMC. p. 146, 30. Superbe. |
| 1228 | 1.70 | Æ 12 | Un deuxième exemplaire. Très beau. |

| Nos | Poids | Métal et Module | |
|---|---|---|---|
| 1229 | 1.62 | Æ 14 | Pégase volant à d. Dessous, épis de blé. ℞. Tête laurée d'Aphrodite à d., les cheveux retombant sur la nuque. Sous le menton, monogr. BMC. 21, var. Superbe. |
| | | | **PÉLOPONNÈSE** |
| | | | **Phlionte** (*Phlios*). |
| 1230 | 5.78 | Æ 20 | *431-400.* ΦΕΙΑ· Taureau cornupète, à d. ℞. Σ-Ι-Ο-Ν· Roue à quatre rais. Carré creux. BMC. p. 33, 2. Bab. pl. 218, 23. Beau. — Collection Sir H. Weber, Londres. — |
| 1231 | 2.78 | Æ 16 | *360-322.* Taureau cornupète à g. ℞. Un grand Φ dans une couronne de lierre. BMC. 21. Bab. pl. 219, 6. Superbe. — Collection Paul Mathey, Paris. — |
| | | | **Sicyone.** |
| 1232 | 12.16 | Æ 25 | *400-300.* ΣΕ· Chimère rugissant, marchant à g.; au-dessus, une couronne d'olivier. ℞. Ι· Colombe volant à g. Couronne d'olivier au pourtour. BMC. p. 40, 56. Bab. pl. 220, 12. Comp. 196. Superbe. |
| 1233 | 12.10 | Æ 26 | ΣΕ· Chimère rugissant, bondissant à g. ℞. Θ· Colombe volant à d. Couronne d'olivier au pourtour. BMC. 46 sq., var. Bab. type pl. 220, 13. Superbe. |
| 1234 | 11.98 | Æ 26 | ΣΕ· Chimère marchant à d. ℞. Pareil au précédent. BMC., Bab.—. T.B. — Collection Hidden, Londres. — |
| 1235 | 12.09 | Æ 24,5 | Chimère rugissant, en arrêt à g. Sous le ventre, sur la ligne d'ex., une petite tête d'Apollon à g. ℞. Ι· Colombe volant à g. Couronne d'olivier au pourtour. BMC. 62, var. Bab. pl. 221, 2, var. T.B. |
| 1236 | 5.70 | Æ 19,5 | ΣΙ· Chimère à g., levant la patte d. de devant. ℞. Ι· Colombe volant à g. Couronne d'olivier au pourtour. BMC. 110. Bab. pl. 221, 25. De toute beauté. |
| 1237 | 2.85 | Æ 16 | Même droit. ℞. Colombe volant à g. Au-dessus de la queue, .•. BMC. 120. Bab. pl. 221, 27. F.D.C. — Collection Paul Mathey, Paris. — |
| 1238 | 0.82 | Æ 11,5 | Tête laurée d'Apollon à d., les cheveux retombant sur la nuque. ℞. Σ-Ι· Colombe volant à d. BMC. 163, sq. Bab. pl. 222, 7. Très beau. |
| | | | **ACHAÏE** |
| | | | **Patræ.** |
| 1239 | 2.40 | Æ 17 | *250-146.* Tête laurée de Zeus à d. Grènetis. ℞. ΠΑ, au pourtour, ΑΓΥϹ \| ΑΙ-ϹΧΡΙ \| ΩΝΟϹ· Le tout dans une couronne. BMC. p. 22, 1. Superbe. |
| 1240 | 2.17 | Æ 15 | Tête diadémée d'Aphrodite à d., les cheveux ramenés en chignon. Grènetis. ℞. Monogr. (en bas) et ΔΑ \| ΜΑϹΙΑϹ· Le tout dans une couronne. BMC. p. 22, 2. T.B. |

| Nos | Poids | Métal et Module | |
|---|---|---|---|
| | | | **La Ligue Achéenne.** |
| 1241 | 2.22 | AR 16 | *280-146.* ΑΙΓΙЄΩΝ· Tête laurée de Zeus Amarios à d. ℞. Χ· Au pourtour, ΑΡΙ \| CΤΟ-ΔΑ \| ΜΟC· Le tout dans une couronne. BMC. p. 3, 24. Superbe. |
| 1242 | 2.10 | AR 16 | Un deuxième exemplaire semblable. T.B. |
| 1243 | 2.05-2.40 | AR 15 | Autres exemplaires semblables. Sous Χ, un poisson à d., un foudre, un trident; au pourtour, différents monogrammes. Le tout dans une couronne. BMC. p. 3, 30, p. 6, 71, p. 7, 71/73, var., p. 9, 98. T.B. 4. |
| | | | **ÉLIDE** |
| | | | **Élis et Olympie.** |
| 1244 | 11.77 | AR 21 | *510-471.* Aigle volant à g., tenant dans ses serres un lièvre renversé qu'il dépèce à coups de bec. Contremarques. ℞. F-A· Foudre ailé. Grènetis. Champ concave. BMC., Bab.—. C.T. Seltman, The Temple coins of Olympia, Cambridge 1921, n° 32. Très beau. — Ancienne collection S. Philipsen, Copenhague. Cat. Hirsch XXV, n° 1253. — |
| 1245 | 11.84 | AR 22,5 | *452-432.* Aigle volant à d. tenant dans ses serres un lièvre courant à d. ℞. A· Niké vêtue d'un chiton long courant à g., tenant une couronne de la main d. et la chlamyde de la main g. Entre l'aile et la jambe d., ΘΥΕ· Carré creux. BMC. 16. Bab. pl. 229, 17. Seltman 83 b (cet exemplaire). Comp. 199. Extrêmement rare. T.B. — Collection Sir H. Weber, Londres. — — Les lettres ΕΥΘ sont les initiales du graveur du coin monétaire. Il s'agit vraisemblablement d'Euthymos dont la signature figure aussi sur de belles médailles syracusaines. Babelon, l. c. vol. III, p. 713/14. — |
| 1246 | 11.46 | AR 23 | Type pareil au précédent. Contremarque. ℞. F··· Niké assise à g. sur une base carrée, drapée, les ailes soulevées, tenant une couronne de la main d. étendue, et s'appuyant de la main g. sur son siège. Carré creux. BMC.—. Bab. pl. 229, 20. Seltm. 87 (cet exemplaire). Comp. 198. Très rare. Très beau. — Collection Sir H. Weber, Londres. — |
| 1247 | 11.39 | AR 21 | Zeus assis à g. sur un rocher, le torse nu, son manteau enroulé autour des jambes et du bras g.; sur sa main d. il tient un aigle qui s'apprête à prendre son essor; de la main g. il s'appuie sur le rocher; son sceptre est posé à côté de son bras d. ℞. ·AΕ· (dans le coin à g. en haut). Aigle volant à g., tenant un serpent dans son bec et ses serres. Carré creux. BMC.—. Bab. pl. 229, 10. Seltm. 101 b (cet exemplaire). Comp. 197. De la plus grande rareté. T.B. — Collection Sir H. Weber, Londres. — |
| 1248 | 12.07 | AR 24 | Aigle à g., les ailes soulevées, dépeçant un serpent qu'il tient dans ses serres. Contremarques. ℞. Ε· Foudre avec de grandes ailes à longues pennes éployées et dressées, la base munie de vrilles symétriques. Carré creux et grènetis. BMC. 25. Bab. pl. 230, 5. Seltm. 124 k. Comp. 200. Très beau. — Collection Sir H. Weber, Londres. — |

| Nos | Poids | Métal et Module | |
|---|---|---|---|
| 1249 | 12.10 | Æ 22.5 | *431-421*. Tête d'aigle à g.; dessous, une feuille de chêne. ℞. F-A· Foudre ailé; le tout dans une couronne d'olivier. BMC. 384/40, var. Bab. pl. 231, 2. Seltm. 157. Superbe. |
| 1250 | 0.97 | Æ 11,5 | Même description. BMC. 42. Bab. pl. 231, 5. Superbe. |
| 1251 | 2.94 | Æ 16 | F· Tête d'aigle à d. Dessous, un lézard. ℞. F-A· Foudre ailé. Le tout dans une couronne d'olivier. BMC. —, Bab.—, cf. Bab. pl. 231, 6. Très rare. Superbe. — Ancienne collection Sangorski. — |
| 1252 | 11.50 | Æ 21 | *421-402*. Bouclier bombé, décoré d'un aigle, les ailes closes, debout à g., tenant un serpent dans son bec et ses serres. Grènetis. ℞. F-A· Foudre ailé. Champ concave. BMC. 35, cf. Bab. pl. 231, 19. Seltm. 165. Très rare. Très beau. |
| 1253 | 12.06 | Æ 25 | *402-385*. Tête de Héra à d., ceinte d'un stéphanos orné de fleurons. ℞. F-A· Foudres sans ailes; le tout dans une couronne d'olivier. BMC. 55. Bab. III, pl. 232, 7. Seltm. 274. Très beau. |
| 1254 | 12.07 | Æ 23 | *385-365*. F-A· Tête de Héra à d., le stéphanos orné de palmettes entre lesquelles on lit, H-P-A· Elle a des boucles d'oreilles en forme de pyramide. ℞. Aigle, les ailes soulevées, debout de trois quarts à g. et détournant la tête. Couronne d'olivier au pourtour. BMC. 90. Bab. pl. 232, 1. Seltm. 302. Comp. 203. Superbe. |
| 1255 | 11.98 | Æ 23 | *363-323*. F-A· Tête de Héra à d., les cheveux relevés, ceinte d'un stéphanos orné de palmettes; elle porte des boucles d'oreilles. ℞. Aigle debout à g., détournant la tête. Couronne d'olivier au pourtour. BMC.—, cf. Bab. pl. 233, 3. Seltm. 325 g. (cet exemplaire). Comp. 201. De toute beauté. — Ancienne collection G. Philipsen, Copenhague. Cat. Hirsch XXV, nº 1292. — |
| 1256 | 12.20 | Æ 20 | Tête de Héra à d., les cheveux relevés, ceinte d'un stéphanos sur lequel on lit, FAΛEIΩN· Elle porte des boucles d'oreilles à trois pendentifs et un collier de perles. ℞. Aigle debout de trois quarts à g. sur un bouclier et détournant la tête, les ailes soulevées; le tout dans une couronne d'olivier. BMC. 101. Bab. pl. 233, 19. Seltm. 350ª (cet exemplaire). Comp. 202. Superbe. — Cat. Hirsch XXXII, nº 506. — |
| 1257 | 2.84 | Æ 16 | *Vers 300*. Tête de Héra à d., les cheveux relevés, et ceinte d'un stéphanos; elle porte des boucles d'oreilles à trois pendentifs. ℞. F· Aigle debout à g. comme auparavant. Champ concave. BMC. 104, var. Bab. pl. 233, 24, var. Seltm. pl. XII, 27 (cet exemplaire). Très beau. — Ancienne collection Rhousopoulos, Athènes. Cat. Hirsch XIII, nº 2566. — |
| 1258 | 11.97 | Æ 24 | *323-300*. Tête laurée de Zeus Olympien à d ℞. F-A A-P· Aigle, les ailes closes, debout à d. sur une tête de bélier à d. BMC. 122. Bab.—, cf. Bab. III, p. 761/62. Seltm. 194. Comp. 204. Très beau style. Très rare et de toute beauté. |
| 1259 | 11.76 | Æ 21,5 | Tête semblable de Zeus d'un très haut relief. ℞. F-A· Aigle, les ailes closes, debout à d.; devant lui, un serpent enroulé et dressé; derrière lui, un foudre. Entre la queue du serpent et la patte g. de l'aigle, la lettre, H· BMC. 132. Bab. pl. 234, 18. Seltm. 203. Comp. 205. Très rare et de toute beauté. |

| Nos | Poids | Métal et Module | |
|---|---|---|---|
| 1260 | 12.10 | AR 21.5 | Tête semblable de Zeus. ℞. F-A· Aigle, les ailes closes, debout à d.; dans le champ, à g. un foudre, à d. une couronne; en bas à d., API· BMC—. Bab. pl. 234, 9, var. Seltm. 223a (cet exemplaire). Comp. 206. Très rare. De toute beauté. — Collection F. S. Benson, vente à Londres, février 1909, n° 577. — |
| 1261 | 11.81 | AR 23.5 | *Vers 271-191.* Tête semblable de Zeus, de style plus tardif. ℞. F-A· Aigle, les ailes closes, debout à g. Devant lui, un serpent enroulé et dressé. Champ concave. BMC., Bab.—. Seltm. 235b (cet exemplaire). Très rare. Superbe. — Cat. Hirsch XXVI, n° 528. — |
| 1262 | 2.34 | AR 16 | Même tête de Zeus à g. ℞. F-A· Même type d'aigle et du serpent à d. BMC., Bab.—. Seltm. pl. VIII, 29. T.B. |
| 1263 | 4.29 | AR 21 | Aigle, les ailes soulevées, debout à d., dépeçant à coups de bec un lièvre qu'il tient dans ses serres. ℞. F-A· Foudre ailé. Champ concave. BMC. 135. Bab. pl. 235, 4. Seltm. pl. VIII, 34. T.B. |
| 1264 | 4.51 | AR 18 | Un autre exemplaire semblable. BMC. 134. Bab. pl. 235, 5. Seltm. pl. VIII, 35. Très beau. |

## ILES DE L'ELIDE

### Samé (*de Céphallénie*).

| Nos | Poids | Métal et Module | |
|---|---|---|---|
| 1265 | 2.71 | AR 16 | *375-300.* Buste d'Athéna presque de face, coiffé d'un casque à triple aigrette (τρίλοφος), les cheveux retombant en nattes sur les épaules; un collier de perles autour du cou. ℞. ΣΑΜ-ΑΙΩΝ· Bélier debout à d. BMC. p. 90, 3. Bab. pl. 238, 17. Très rare. Superbe. |

### Zacynthe.

| Nos | Poids | Métal et Module | |
|---|---|---|---|
| 1266 | 11.13 | AR 25 | *357, sous Dion de Syracuse.* Tête laurée d'Apollon à d., les cheveux retombant sur la nuque. ℞. Ι-Α, au bas entre les pieds du trépied muni de la cortyne. Autour, ΔΙΩ-ΝΟΣ· BMC. p. 97, 33. Bab. pl. 236, 18. Comp. 207. Très rare. Superbe. — Catalogue Hirsch XXVI, n° 530. — |

## MESSÉNIE

### Messène.

| Nos | Poids | Métal et Module | |
|---|---|---|---|
| 1267 | 16.79 | AR 27 | *Après 323.* Tête de Déméter couronnée d'épis et ornée d'un collier, à d., les cheveux nattés retombant sur la nuque, et en partie relevés en chignon. ℞. ΜΕΣΣΑΝΙΩΝ· Zeus Ithomatas nu, lauré, marchant à d., brandissant le foudre de la main d. et tenant sur son poignet, à bras tendu, un aigle qui bat des ailes; devant lui, un trépied, au-dessus duquel, ΣΩ; derrière lui, ΝΙ dans une couronne d'olivier. BMC. 11/12, var. Bab. pl. 228, 30, var. Comp. 208. Extrêmement rare. Très beau. — Collection Sir H. Weber, Londres. — |
| 1268 | 2.34 | AR 15 | *280-146.* Tête diadémée de Zeus à d. ℞. ΜΕ-Σ· Trépied. Dans le champ, ΠΟ-ΛΥ \| ΚΑ-ΗΣ· Le tout dans une couronne d'olivier. BMC.—. Huntarian Mus. Cat. II, p. 143, 3. Superbe. |

| Nos | Poids | Métal et Module | |
|---|---|---|---|
| | | | **LACONIE** |
| | | | **Lacédémone.** |
| 1269 | 16.73 | AR$^{28}$ | *Roi Areos. 310-266.* Tête imberbe du roi diadémée à g. Grènetis. ℞. Λ-Α· L'agalma archaïque d'Apollon d'Amyclæ drapé, casqué, debout à d., tenant un arc et brandissant une lance. La statue est ornée d'un coq debout sur un aplustre. A côté du dieu, une chèvre. Dans le champ à g., une couronne. Grènetis. BMC. 1. Comp. 209. Très rare. Superbe.<br>— Ancien catalogue Rhousopoulos, Athènes. —<br>— Catalogue Hirsch XIII, n° 2641. — |
| 1270 | 14.72 | AR$^{27}$ | *266-207.* Tête d'Athéna à d., coiffée du casque corinthien à aigrettes. Sur le casque, une contremarque. Grènetis. ℞. Λ-Α· Héraclès nu, assis à g. sur un rocher couvert de la peau de lion dont la tête en face est bien visible. La main d. étendue tient la massue posée debout devant lui, la main g. posée sur son siège. Grènetis. BMC. (sous Allaria de Crète) p. 7, 1. Comp. 210. De toute rareté. Très beau.<br>— Collection Sir H. Weber, Londres. —<br>— Ci-devant collection Photiades Pacha, n° 1091. — |
| 1271 | 2.33<br>2.32 | AR$^{16}$ | Tête diadémée d'Héraclès barbue à d. Grènetis. Λ-Α· Amphore entre les casques des Dioscures, surmontés chacun d'une étoile. Au-dessous, Δ-Α· ΓΕΙ-CΙΠ· Le tout dans une couronne. BMC. 6 sq., var. T.B. 2. |
| | | | **ARGOLIDE** |
| | | | **Argos.** |
| 1272 | 2.95 | AR$^{13}$ | *468-421.* Protomé de loup à g., tirant la langue, les griffes posées sur la clef sacrée du temple de Héra. ℞. Carré creux dans lequel est un grand Α; en haut, deux petits carrés creux très profonds. Au pourtour de la lettre, trois globules. BMC. 8. Bab. pl. 215, 1. Superbe. |
| 1273 | 12.14 | AR$^{23,5}$ | *421-343.* Tête de Héra à d., coiffée du haut stéphanos orné de fleurons et d'enroulements stylisés, les cheveux déroulés sur la nuque. ℞. ΑΡΛΕΙΟΝ· Deux dauphins nageant en sens inverse et séparés par un bucrane de face, les cornes ornées de bandelettes noueuses. Champ concave. BMC.—. Bab. pl. 215, 11. Comp. 211. Très rare. Très beau.<br>— Collection Sir H. Weber, Londres. — |
| 1274 | 2.33 | AR$^{14}$ | *343-280.* Protomé de loup à d., comme ci-dessus. ℞. Α au milieu d'un carré creux. En haut, Ζ-ΕΥ; sous la traverse de la lettre, un aigle perché sur le signe Β. BMC. 64. Bab. pl. 216, 13. Superbe. |
| 1275 | 0.89-<br>0.86 | AR$^{11}$ | ΣΙ, sans lettre, Σ· Tête de loup à d. et à g., la gueule béante. ℞. Α au milieu d'un carré creux. En haut, Ν-Ι; en haut, Γ-Ρ, en bas, une massue. BMC. 91, 93, 94. Bab. pl. 216, 17, 16, 18, var. Superbes. |
| 1276 | 2.48 | AR$^{15}$ | *280-229.* Protomé de loup à g. ℞. Α au centre d'un carré creux, sous la traverse de la lettre, aigle debout à d. sur un foudre. Au pourtour, Ι-Ε \| Ρ-Ω \| ΝΟ-Σ· BMC. 114. Superbe. |
| | | | **Cléones.** |
| 1277 | 0.93 | AR$^{10}$ | *471-421.* Tête imberbe d'Héraclès à g., coiffée de la peau de lion. ℞. ꓘ dans un carré creux; derrière la lettre, un redan en forme de triangle. BMC. p. 154, 4. Bab. pl. 217, 2. T.B. |

| Nos | Poids | Métal et Module | |
|---|---|---|---|
| | | | **Epidaure.** |
| 1278 | 4.71 | AR 19.5 | *350-323*. Tête laurée d'Apollon Maléatas à d., avec de longs cheveux sur le cou. Grènetis. ℞. Ε (dans le champ à d.). La statue chryséléphantine d'Asclépios par Thrasymédès de Paros, représentant le dieu, torse nu, assis à g., s'appuyant sur son sceptre et caressant un serpent. Sous le siège, ΘΕ et un chien couché à d. BMC. 7. Bab. pl. 217, 15. Comp. 212. Style remarquable. De toute rareté et de toute beauté. |
| | | | **Hermione.** |
| 1279 | 2.82 | AR 14.5 | *350-322*. Tête de Déméter chthonienne couronnée d'épis à g. ℞. Ⲉ dans une couronne d'épis. BMC. 1. Bab. pl. 218, 13. Superbe. |
| 1280 | 2.58 | AR 16 | Un autre exemplaire semblable. Très beau. |
| | | | ARCADIE |
| | | | **Monnaies fédérales.** |
| 1281 | 2.65 | AR 16 | *490-417*. *Atelier de Heræa*. Zeus Lycaios, demi-nu, assis à g. sur un trône dont le dossier se termine en tête de cygne; de la main g. il s'appuie sur un long sceptre et sur la main d. étendue, il tient un aigle qui bat des ailes. ℞. Tête de Despoina de très beau style archaïque, à g., les cheveux retenus dans une résille qui enveloppe toute la tête. Au cou, un collier. Carré creux. BMC. —, cf. Bab. pl. 223, 31. Très beau. |
| 1282 | 3.01 | AR 15 | Même type de Zeus Lycaios. ℞. Α-Я· Tête diadémée de Despoina à g., les cheveux en pointillé et retombant en natte retroussée sur le cou. Collier de perles au cou. Carré creux. BMC. 7. Bab. pl. 38, 14. Superbe. |
| 1283 | 2.77 | AR 16 | Même type de Zeus Lycaios. ℞. ΑꓘϘΑ-DI-KON· Tête de Despoina à d., les cheveux relevés en chignon, striés et retenus par des bandeaux qui se croisent. Collier au cou. Carré creux. BMC.—. Bab. pl. 223, 11. Très beau. |
| 1284 | 2.88 | AR 13 | Type semblable de Zeus Lycaios; sa main g. ouverte est posée sur son genou pour recevoir un aigle qui vole devant lui. ℞. Α-R· Tête diadémée de Despoina à d., les cheveux en bandeaux sur le front et retombant en touffe allongée sur le cou. Collier de perles au cou. Carré creux. BMC., Bab.—. Très beau. |
| 1285 | 2.46 | AR 18 | *280-234*. *Atelier de Mégalopolis*. Tête laurée de Zeus Lycaios à g. ℞. ☧· Pan nu assis à g. sur un rocher, tenant le *lagobolon* de la main g. et levant la main d. Devant lui, un aigle debout à g., battant des ailes. A d., Δ \| Α· BMC. 82. Superbe. |
| | | | **Cleitor.** |
| 1286 | 2.76 | AR 15 | *362-300*. Buste radié de Hélios de face. ℞. ΚΛΗ· Taureau fonçant à d. Au-dessus, centaure brandissant une branche, au galop à d. BMC. p. 179, 4. Bab. pl. 225, 27. Superbe. |

| Nos | Poids | Métal et Module | |
|---|---|---|---|
| | | | **Phénée.** |
| 1287 | 12.13 | Æ 24 | *362-300.* Tête de nymphe Maïa à d., couronnée d'épis, les cheveux ondulés et relevés. Elle a un collier et des boucles d'oreilles à cinq pendentifs. ℞. **ΦΕ-ΝΕ-ΩΝ**· Hermès nu, coiffé du pétase, sa chlamyde retombant sur le dos, marchant à g. à pas précipités. Il tient le caducée et tourne la tête vers Arcas enfant, qu'il porte sur le bras g. A d., dans le champ, **ΑΡΚΑΣ**· BMC. 13. Bab. pl. 225, 6. Comp. 214. De la plus grande rareté et un des plus beaux exemplaires connus. F.D.C. — Ancienne collection Billoin, Paris 1886, nº 527. — |
| 1288 | 5.56 | Æ 21 | Tête semblable à g. ℞. **ΦΕΝΕΩΝ**· Hermès nu, la chlamyde nouée autour du cou et retombant dans le dos, assis à g. sur un rocher qui représente le mont Cyllène. De la main d. il tient son caducée et de la g. il s'appuie sur le rocher. Devant lui, en petites lettres, **ΘΗΡΙ**· BMC. 14, var. Bab. pl. 225, 8. Comp. 213. De la plus grande rareté. Très beau. — Œuvre remarquable signée par l'artiste graveur Théniclès, originaire de Corinthe, et célèbre comme peintre de vases et ciseleur. — — Collection Sir H. Weber, Londres. — |
| | | | **Stymphale.** |
| 1289 | 1.21 | Æ 10,5 | Tête imberbe d'Héraclès à g., coiffée de la peau de lion. ℞. **ΣΤΥ**· Tête d'oiseau aquatique à d. BMC. p. 199, 4. Bab. pl. 224, 18, var. T.B. |
| | | | CRÈTE |
| | | | **Cnossos.** |
| 1290 | 11.67 | Æ 23 | *500-400.* **ΜΟΙΝΧ**· Le Minotaure courant à g., en détournant la tête, le genou g. presque à terre; dans chaque main il tient une pierre. Grènetis. ℞. Le labyrinthe, sous l'aspect d'une croix formée de méandres carrés; au centre, une rosace à quatre pétales; dans les cantons de la croix, de petits carrés très profonds. Carré creux. BMC. 3, var. Bab. pl. 62, 22, var. Svoronos, Numismatique de la Crète ancienne, Mâcon 1890, p. 65, 4 (cet exemplaire). Comp. 215. De la plus grande rareté. Très beau. — Collection Sir H. Weber, Londres. — |
| 1291 | 11.13 | Æ 25 | *350-200.* Tête de Héra argienne à g., coiffée d'un haut stéphanos orné de palmettes, les cheveux retombant sur la nuque; collier de perles et pendants d'oreilles. ℞. **ΚΝΩΣΙΩΝ**· Labyrinthe carré, formé de carrés inscrits les uns dans les autres avec une brisure sur l'un des côtés. Dans le champ à g., **Α** et fer de flèche; à d., **Ρ** et foudre. Grènetis et cercle creux. BMC. 24. Bab. pl. 250, 13. Svor. p. 63, 67. Comp. 216. Très beau. — Ancienne collection G. Philipsen, Copenhague. Cat. Hirsch XXV, nº 1469. — |
| 1292 | 16.89 | Æ 30 | *200-67.* Tête barbue et diadémée de Zeus (ou de Minos) à d. Sous la tranche du cou, **Α**· ℞. **ΚΝΩ \| Σ-Ι \| ΩΝ**· Labyrinthe carré. BMC. 42. Svor. p. 77, 98. Comp. 217. Très rare. Superbe. — Collection Sir H. Weber, Londres. — |

| Nos | Poids | Métal et Module | |
|---|---|---|---|
| | | | **Cydonia.** |
| 1293 | 13.93 | Æ 29 | *200-67.* Γ-Α \| Σ-Ι \| Ω-Ν · Tête d'Artémis Dictynna à d., l'arc et le carquois sur le dos, les cheveux en larges bandeaux sur le front et relevés derrière. Grènetis. ℞. ΚΥ-ΔΩ \| ΝΙΑ-ΤΑ \| Ν · Artémis vêtue d'une tunique courte, debout à d., regardant à g., tenant de la main g. une longue torche allumée, posée à terre; à côté d'elle, son chien assis à d., la regarde. Le tout dans une couronne de laurier. BMC. 22. Svor. p. 107, 60. Comp. 218. Superbe.<br>— Collection Sir H. Weber, Londres. — |
| | | | **Eleutherna.** |
| 1294 | 11.33 | Æ 25 | *450-300.* Tête d'Apollon de style rude à d., ceinte d'une couronne en gros grènetis. ℞. Sans légende. Apollon nu, marchant à g., tenant de la main g. baissée son arc, de la main d. levée une pierre. Grènetis. Champ concave. BMC. 2, var. Bab. pl. 258, 12 et 13, var. Svor. pl. XI, 15 et 26. Très rare. T.B.<br>— Collection Sir H. Weber, Londres. — |
| 1295 | 10.81 | Æ 26 | Tête laurée de Zeus Idæen à d. Grènetis. ℞. ΕΛΕΥΘΕ-Ρ-... Type pareil au précédent. Champ concave. BMC. 3, var. Bab. pl. 259, 1. Svor. pl. XI, 26. Comp. 219. Très rare. Superbe. |
| | | | **Elyros.** |
| 1296 | 5.16 | Æ 18 | *400-300.* ΕΛ-Υ \| ·Ιο-Ν · Tête de chèvre crétoise (ibex), avec des cornes très hautes, à d. Grènetis. ℞. Abeille vue de dos; dans le champ à d., une rose. Cercle creux. BMC. 1. Bab. pl. 261, 14. Svor. pl. XII, 10. Très rare. T.B.<br>— Vente Cumberland-Clark, Londres 1914. — |
| | | | **Gortyne.** |
| 1297 | 11.57 | Æ 24 | *430-300.* Europe demi-nue assise à d. sur le tronc énorme d'un platane; elle est dans une attitude pensive, le menton reposant sur sa main d.; de la main g. elle s'appuie sur le tronc de l'arbre. ℞. Taureau debout à g., détournant la tête. Cercle creux. BMC. 6. Bab.—. Svor. pl. XIII, 9. Très beau style. Très beau.<br>— Cat. Hirsch XXXII, nº 513. — |
| 1298 | 11.55 | Æ 24 | Type semblable; Europe est drapée, la main g. étendue et appuyée sur son genou. ℞. Taureau debout à d., détournant la tête et levant une patte de derrière. Cercle creux. BMC. 17. Bab. pl. 253, 14. Svor. pl. XIV, 8. Comp. 220. Très rare. Très beau. |
| 1299 | 11.42 | Æ 22 | Europe demi-nue assise à d. sur le tronc du platane. Sur ses genoux, un aigle, les ailes éployées. ℞. Taureau bondissant à d., détournant la tête. Cercle creux. BMC. 28, var. Bab. pl. 254, 5. Svor. pl. XIV, 19. T.B. |
| 1300 | 5.35 | Æ 21 | Tête (avec cou) de taureau à d. ℞. Tête d'Europe à d., les cheveux relevés par des bandelettes; collier au cou. Grènetis et champ concave. BMC. 35. Bab. pl. 254, 9. Svor. pl. XIII, 12. Très beau. |

| Nos | Poids | Métal et Module | |
|---|---|---|---|
| 1301 | 6.68 | Æ 21 | *IIIe siècle.* La nymphe Europe assise à d. sur le tronc du platane, regardant à g., écartant son voile de la main g. et s'appuyant de la main d. sur le tronc. A son côté, aigle debout à g. sur une branche, détournant la tête. Grènetis. ℞. **ΓΟΡΤΥ-ΝΙΩΝ·** Taureau debout à g., dressant et détournant la tête. Grènetis. Champ concave. BMC. 40, var. Bab. pl. 254, 8, var. Svor. p. 170, 104. Extrêmement rare. Très beau.<br>— Collection Sir H. Weber, Londres. — |
| 1302 | 4.12 | Æ 21 | *200-67.* Tête diadémée de Zeus (ou de Minos) à d. ℞. **ΓΟΡΤΥΝΙΩΝ·** Apollon nu, portant une large ceinture, assis à g. sur un rocher, regardant de face. Il tient de la main g. son arc et repose la d. sur son genou ; au dos le carquois. Grènetis et champ concave. BMC. 49, var. Svor. pl. XVI, 16. Comp. 221. Très beau.<br>— Collection Maxime Collignon, vente à Paris 1919, no 290. — |
| | | | **Hiérapythna.** |
| 1303 | 7.02 | Æ 30 | *200-67.* Tête de femme tourelée à d., les cheveux relevés, quelques mèches retombant sur la nuque. Grènetis. ℞. **··ΡΑΠΥ·** Palmier à g., un aigle debout à d., les ailes éployées; à d., [monogramme] et nom de mag., **ΜΕΝΕΣΘΕ**; le tout dans une couronne de laurier. BMC. 6. Svor. p. 190, 20. T.B.<br>— Collection Fenerly Bey, vente à Vienne 1912, no 502. — |
| | | | **Hyrtacina.** |
| 1304 | 0.87 | AV 11 | *400-300 et plus tard.* Colombe volant à g. ℞. Colombe volant à g. BMC.—. Svor. pl. XVIII, 15 (cet exemplaire). Très rare. Beau.<br>— Pièce d'alliance entre Hyrtacina et Lisos. —<br>— Collection Sir H. Weber, Londres. — |
| 1305 | 0.98 | Æ 11 | Colombe prenant son essor à d. ℞. Colombe volant à d. Cercle creux. BMC.—. Svor. pl. XVIII, 20. Très rare. Très beau.<br>— Collection Sir H. Weber, Londres. — |
| | | | **Itanos.** |
| 1306 | 10.85 | Æ 23 | *460-400.* Dieu marin (Itanos, Glaucos ou Triton) nageant à d., son corps d'homme barbu terminé en queue de poisson fourchue; de la main g. levée il tient un poisson par la queue (?) et de la main d. il brandit transversalement le trident. ℞. Rosace étoilée en huit rayons autour d'un bouton central. Cercle linéaire. BMC.—. Bab. pl. 244, 7. Svor. pl. XVIII, 28. Comp. 222. Style tout à fait remarquable. De la plus grande rareté. Superbe.<br>— Collection Sir H. Weber, Londres. — |
| 1307 | 10.95 | Æ 26 | *Début du IVe siècle.* Même type de dieu marin qui tient une conque de la main g. levée, tandis que son trident transperce un poisson (style rude). ℞. **ΙΤΑ·** Deux monstres marins serpentiformes affrontés et dressés. Carré de grènetis. BMC. 4, var. Bab. pl. 244, 12. Svor. pl. XIX, 2 (cet exemplaire). Extrêmement rare. Très beau.<br>— Collection Sir H. Weber, Londres. — |
| 1308 | 2.63 | Æ 14 | *376-360.* Tête d'Athéna à d., coiffée du casque athénien à aigrette. ℞. **ΙΤΑΝΙΩΝ·** Aigle debout à g., détournant la tête. Carré creux. BMC. 17. Bab. pl. 244, 19. Svor. p. 205, 31. T.B. |

| Nos | Poids | Métal et Module | |
|---|---|---|---|
| 1309 | 10.— | Æ 21 | *Milieu du IVe siècle.* Tête d'Athéna à g., coiffée du casque athénien à aigrette; la calotte ornée d'une palmette. ℟. ΙΤΑΝΙΩΝ· Aigle debout à g., détournant la tête; derrière lui, le dieu marin anguipède (Triton), brandissant le trident et levant la main d. Carré creux. BMC.—. Bab. pl. 245, 4. Svor. pl. XIX, 17. Très rare. Très beau. — Collection Sir H. Weber, Londres. — |
| 1310 | 5.32 | Æ 18 | Même description. BMC. 13. Bab. pl. 245, 5. Svor, pl. XIX, 18. Superbe. — Vente Headlam, Londres 1916, no 387. — |
| 1311 | 0.43 | Æ 9 | Même tête d'Athéna. ℟. Etoile à huit rayons. BMC. 22. Bab. pl. 245, 8. Svor. pl. XIX, 19. B. |
| | | | **Lappa.** |
| 1312 | 2.95 | Æ 16 | *200-67.* Tête laurée d'Apollon à d. ℟. ΛΑΠΠΑΙ-ΣΥΛΛΩ \| ΚΟΣ· Apollon lauré debout à d., tenant de la main g. la lyre, de la main d. baissée le plectre. BMC. 2. Svor. pl. XX, 10. T. B. — Collection Sir H. Weber, Londres. — |
| | | | **Lyttos.** |
| 1313 | 10.61 | Æ 26 | *450-300.* Aigle debout à d., les ailes soulevées. ℟. Tête de sanglier à g. Carré de lignes. BMC.—. Bab. pl. 247, 9 sq., var. Svor. pl. XXII, 7. Superbe. — Collection Sir H. Weber, Londres. — |
| 1314 | 10.61 | Æ 21,5 | Aigle volant à g. ℟. ·Τ \| Ⱶ· Tête de sanglier à g. Carré en grènetis et creux. BMC. 10. Bab. pl. 247, 18. Svor. pl. XXI, 25. B. |
| 1315 | 10.17 | Æ 25 | Aigle volant à g. Grènetis. ℟. Sans légende. Tête de sanglier à d., la gueule béante. Carré en gros grènetis. BMC. 10, var. Bab. pl. 248, 5, var. Svor. pl. XXI, 23, var. Superbe. |
| 1316 | 5.33 | Æ 21 | Aigle volant à g. Cercle linéaire. ℟. ΛΥΤΤΙΟ-Ν· Tête de sanglier à d. Carré en grènetis et creux. BMC. 7. Bab. pl. 248, 6. Svor. pl. XXI, 13. Très beau. — Vente Headlam, Londres 1916, no 386. — |
| | | | **Phæstos.** |
| 1317 | 11.85 | Æ 23 | *400-360.* Héraclès jeune, nu, debout de face, regardant à d.; de la main d. il s'appuie sur sa massue et de la g. il tient son arc. Dans le champ à g. la peau de lion suspendue; à d., un grain d'orge. Dans le champ, des globules. ℟. Taureau debout à g., la tête baissée et broutant, attaché à une longue corde. Le tout dans une couronne de laurier. BMC. 6. Bab. pl. 255, 15. Svor. p. 258, 20. T.B. |
| 1318 | 11.95 | Æ 24 | *360-300.* Héraclès jeune, nu, debout à g. vu de dos, les jambes écartées, brandissant de la main d. sa massue pour combattre l'Hydre de Lerne qui se dresse devant lui; de la main g. couverte de la peau de lion le héros saisit l'une des nombreuses têtes de serpent du monstre. ℟. ·ΑΙΣΤΙΩΝ· Taureau debout à d. BMC. 11. Bab. pl. 257, 1. Svor. pl. XXIV, 19. Comp. 224. Très rare. T.B. |

| Nos | Poids | Métal et Module | |
|---|---|---|---|
| | | | **Polyrhenion.** |
| 1319 | 11.65 | Æ 26,5 | *330-300.* Tête laurée de Zeus à d. ℞. ΠΟΛΥΡΗ-ΝΙΟΝ. Tête de taureau de face, les cornes ornées de bandelettes; entre les cornes, ΧΑΡΙΣΘΕΝ. Grènetis. BMC. 4 sq., var. Bab. pl. 262, 3. Svor. pl. XXV, 22. Comp. 225. Très rare. Superbe. — Collection Consul Ed. F. Weber, Hambourg, Cat. Hirsch XXI, n° 2179, et collection Paul Mathey, Paris. — |
| 1320 | 5.08 | Æ 19 | ΠΟΛ-ΥΡΗΝ-ΙΩΝ. Tête de taureau de face, les cornes ornées de bandelettes noueuses. Grènetis. ℞. ΠΟΛΥ-ΡΗΝΙ. Fer de lance. Cercle creux. BMC. 10. Bab. pl. 262, 7. Svor. pl. XXVI, 2. T.B. |
| | | | **Præsos.** |
| 1321 | 11.14 | Æ 25 | *450-400.* Héros (Héraclès ?) nu, imberbe, agenouillé à d. et tirant de l'arc, sa chlamyde sur les épaules. ℞. Sans légende. Colombe volant à g. Carrés linéaires et creux. BMC. 3. Bab. pl. 245, 16. Svor. pl. XXVII, 9 (cet exemplaire). Très rare. Très beau. — Collection Sir H. Weber, Londres. — |
| 1322 | 10.67 | Æ 28 | *Deuxième moitié du IVe siècle.* Sans légende. Zeus Dictaios trônant à g., regardant de face, torse nu, jambes drapées, tenant sur sa main d. un aigle et de la g. son sceptre. ℞. Protomé de chèvre s'abattant à g. et détournant la tête. Cercle creux. BMC. 6, var. Bab. pl. 246, 1. Svor. pl. XXVII, 25. T.B. — Cat. Hirsch XXXII, n° 514. — |
| | | | **Rhaucos.** |
| 1323 | 5.69 | Æ 19 | *430-300.* Tête jeune imberbe, de trois quarts à d. ℞. Deux dauphins nageant en sens inverse et placés en diagonale dans un carré creux. A deux des angles du carré creux, un fleuron. BMC.—. Bab. pl. 251, 12. Svor. pl. XXIX, 9. Très rare. T.B. — Collection Sir H. Weber, Londres. — |
| | | | **CYCLADES** |
| | | | **Andros.** |
| 1324 | 12.35 | Æ 20 | *VIe siècle.* Amphore à deux anses. ℞. Carré creux partagé par des diagonales. BMC. (Carthæa) p. 90, 15. Bab. pl. 60, 1. Comp. 227. T.B. |
| 1325 | 0.92 | Æ 8 | Amphore de type semblable. ℞. Carré creux quadripartit. BMC. (Carthæa) p. 90, 19. Bab. pl. 60, 3. T.B. |
| | | | **Corésia de Céos.** |
| 1326 | 2.37 | Æ 13 | *600-480.* Seiche; à d., un dauphin. ℞. Carré creux partagé en quatre triangles par deux larges bandes. BMC. p. 94, 52. Bab. pl. 61, 10. Très rare. T.B. |
| | | | **Mélos.** |
| 1327 | 13.75 | Æ 19 | *Vers 500-416.* Grenade avec deux folioles à la queue. Grènetis. ℞. ΜΑΛΙ-ΟΝ. Croissant. Grènetis et cercle creux. BMC.—. Cat. Jameson n° 1293. Bab. pl 241, 19. Rev. num. 1909, p. 192, 17. Extrêmement rare. Très beau. |

| Nos | Poids | Métal et Module | |
|---|---|---|---|
| | | | **Naxos.** |
| 1328 | 11.99 | AR$^{20.5}$ | *600-490.* Canthare dionysiaque. Une grappe de raisins pend à chaque anse et une feuille de lierre émerge au-dessus. ℞. Carré creux quadripartit. BMC. 4. Bab. pl. 62, 5. Comp. 229. Superbe. |
| | | | **Paros.** |
| 1329 | 5.61 | AR$^{15}$ | *600-480.* Bouc debout à d. ℞. Carré creux quadripartit. BMC.—. Bab. pl. 62, 2, var. Très rare. T.B. <br> — Catalogue Hirsch XXXII, n° 518, et collection Paul Mathey, Paris. — |
| 1330 | 3.70 | AR$^{16}$ | *IIIe et IIe siècle av. J.-C.* Tête de Déméter à d., une couronne d'épis dans les cheveux relevés; elle porte un collier de perles et des boucles d'oreilles à trois pendentifs. ℞. ΠΑΡΙ dans une couronne de lierre. Cercle creux. BMC. 15, var. Très joli style. Extrêmement rare. T.B. <br> — Collection Th. Prowe, Moscou. Vente à Vienne 1912, n° 1216. — |
| 1331 | 14.90 | AR$^{27}$ | Tête imberbe de Dionysos à d., une couronne de lierre dans les cheveux retombant en mèches sur la nuque. ℞. ΠΑΡΙΩΝ· Déméter drapée assise à g. sur un modius à grains, tenant de la main d. étendue deux épis, et de la g. le sceptre. Derrière elle, nom de mag., ΣΙΛΗΝΟΣ· BMC. 16, var. Münsterberg, Beamtennamen, p. 127. Comp. 230. <br> De la plus grande rareté. Beau. <br> — Collection Sir H. Weber, Londres. — |
| | | | **Sériphos.** |
| 1332 | 12.25 | AR$^{19}$ | *600-500.* Grenouille, vue de dos. ℞. Carré creux rude. BMC.—. Bab. pl. 61, 21. Comp. 231. Très rare. Superbe. |
| | | | **Théra.** |
| 1333 | 12.25 | AR$^{21}$ | *600-500.* Deux dauphins, l'un au-dessus de l'autre, nageant en sens inverse. ℞. Carré creux partagé en huit triangles. BMC.—. Bab. pl. 62, 17. Comp. 232. Superbe. <br> — Vente à Paris, mai 1910, n° 446. — |
| | | | **ASIE MINEURE** |
| | | | PONT |
| | | | **Amisos** *(Pirée).* |
| 1334 | 4.53 | AR$^{19}$ | *IVe siècle.* Tête de Tyché à g., avec collier et boucles d'oreilles, coiffée d'une haute stéphané surmontée de trois boutons et ornée de palmettes. Ses cheveux sont enroulés et relevés sur la nuque ; le cou est drapé. Grènetis. ℞. ΠΕΙΡΑ (hors du flan). Chouette debout de face sur un bouclier bombé, les ailes éployées; dans le champ, ΑΡ-ΙΣ, Σ et symbole indistinct. BMC. 7 sq., var. Bab. II, p. 1527, 2953, var. <br> Superbe. |
| 1335 | 5.47 | AR$^{19}$ | Autre exemplaire semblable. Mag. ΔΙ-ΟΓ, symboles, glaive et massue. BMC. 7. Bab. II, p. 1529, 2953. T.B. |

| Nos | Poids | Métal et Module | |
|---|---|---|---|
| | | | **ROYAUME DE PONT ET DU BOSPHORE** |
| | | | **Mithradate VI Eupator.** *120-63.* |
| 1336 | 16.60 | AR 34 | Tête du roi diadémée à d., les cheveux retombant sur la nuque. ℞. ΒΑΣΙΛΕΩΣ \| ΜΙΘΡΑΔΑΤΟΥ \| ΕΥΠΑΤΟΡΟΣ · Pégase paissant à g. Dans le champ à g., croissant surmonté d'une étoile à huit rayons; à d., ✱. Couronne de lierre au pourtour. BMC. p. 44, 4. Recueil général des monnaies grecques d'Asie Mineure, Paris 1904, p. 16, pl. II, 11. Comp. 235. Joli style. De toute beauté. — Vente à Paris, mai 1910, n° 483. — |
| 1337 | 16.89 | AR 32,5 | Autre exemplaire semblable. Dans le champ à d. du revers, ΗΣ (l'an 208 = 90/89 av. J.-C.) et monogr.; à l'ex., le mois, Η. BMC.—. Recueil p. 15. Comp. 233. Superbe. — Collection H. Osborne O'Hagan. Vente à Londres, mai 1908, n° 485. — |
| 1338 | 16.62 | AR 30 | Autre exemplaire semblable. Dans le champ du revers à d. ΘΣ (l'an 209 = 89/8 av. J.-C.) et ✱. BMC.—. Recueil p. 15, pl. II, 9. Comp. 234. De toute beauté. |
| 1339 | 16.36 | AR 33 | Autre exemplaire, d'un style particulièrement soigné. Dans le champ à d. du revers, Β et monogr. BMC.—. Recueil —. Comp. 238. De toute beauté. — Vente Butler, Londres, juillet 1911, n° 233. — |
| 1340 | 16.73 | AR 33 | Tête du roi à d., diadémée, les cheveux flottants. ℞. Même légende. Cerf paissant à g.; dans le champ à g., un croissant surmonté d'une étoile à huit rayons; à d., ΔΚΣ (l'an 224 = 74/73 av. J.-C.); à l'ex., ΙΑ · Couronne de lierre au pourtour. BMC. 6/9, var. Recueil p. 18. Comp. 237. Très rare. De toute beauté. — Vente Butler, Londres, juillet 1911, n° 234. — |
| 1341 | 16.63 | AR 32,5 | Autre exemplaire semblable. Dans le champ du revers à d., ΓΚΣ (l'an 223 = 75/74 av. J.-C.) et monogr.; à g., monogr.; à l'ex., Ι. BMC.—. Recueil p. 18. Comp. 236. Flan très large. Superbe. — Collection Jean P. Lambros, Athènes. Cat. Hirsch XXIX, n° 627. — |
| | | | **Rhescouporis III.** *212-229.* |
| 1342 | 7.77 | El. 20 | ΒΑСΙΛΕωС ΡΗСΚΟΥΠΟΡΙΔΟС · Buste du roi, diadémé à d. Devant, un glaive. Grènetis. ℞. Buste barbu et lauré de Caracalla à d. Au-dessous, ΒΙΦ · Grènetis. BMC. p. 70, 3, var. T.B. |
| 1343 | 7.71 | El. 19,5 | Autre exemplaire semblable; devant Caracalla, un trident; au-dessous, ЄΙΦ · BMC. p. 70, 4 sq. T.B. |
| | | | **PAPHLAGONIE** |
| | | | **Amastris.** |
| 1344 | 9.64 | AR 23 | *Vers 300 et plus tard.* Tête de jeune homme à d., coiffée d'un bonnet phrygien lauré et orné d'une étoile (Mithras ?). ℞. ΑΜΑΣΤΡΙΕΩ · · Femme drapée coiffée d'un calathos, assise à g., tenant un sceptre, et, dans sa main d. étendue, une Niké stépanophore (Anaïtis ou la Tyché d'Amastris ?). Dans le champ à g., une rose; sous le siège, Α · BMC. 1/3, var. Recueil p. 136, 7. Superbe. — Ancienne collection G. Philipsen, Copenhague. Cat. Hirsch XXV, n° 1663. — |

| Nos | Poids en grammes | Métal et Module | |
|---|---|---|---|
| | | | **Cromna.** |
| 1345 | 3.44 | AR 18 | *340-300.* Tête laurée de Zeus à g., de longues mèches de cheveux sur la nuque. ℞. ΚΡΩΜΝΑ· Tête de Héra ou Tyché à g., couronnée d'un stéphanos tourelé et orné de cercles et de palmettes, les cheveux relevés, boucles d'oreilles et collier de perles. Sous le menton, И; derrière, Ϡ; en haut, 卐 (croix gammée). BMC. 4. Bab. pl. 84, 1/3, var. Superbe. |
| | | | **Sinope.** |
| 1346 | 6.07 | AR 16 | *Vers 500-453.* Tête d'aigle d'un style rude à g. Dessous, un dauphin à g. ℞. Carré creux à surface granulée, partagé en quatre compartiments, deux en creux, deux en relief; dans les angles creux, deux globules. BMC. 3, var. Bab. pl. 17, 7, var. Recueil p. 180, 9, var. T.B. |
| 1347 | 5.88 | AR 18 | *322-220.* Tête de la nymphe Sinopé à g., les cheveux dans une sphendone; boucles d'oreilles et collier de perles. Devant, un aplustre. Grènetis. ℞. ΣΙΝ·· Aigle, les ailes soulevées, sur un dauphin à g. Dans le champ à d., ΙΚΕΣΙΟ· BMC. 13 sq., var. Bab. pl. 184, 14. Recueil p. 187, 31, pl. XXV, 26. Superbe. — Ancienne collection Sangorski. — |
| 1348 | 2.99 | AR 14 | Tête semblable de nymphe. ℞. ΣΙ-ΝΩ· Aigle héraldique (de face, les ailes soulevées). Dans le champ à d., Ρ· BMC. 22. Recueil p. 189, 39, pl. XXV, 35. Superbe. — Ancienne collection Sangorski. — |
| 1349 | 8.27 | AR 23 | *IIIe siècle.* Tête tourelée de Sinopé à g., les cheveux relevés; en contremarque, buste d'Hélios radié de face; entre les rayons, ΣΙΝΩΡΕ··· ℞. ΣΙ-ΝΩ· Poseidon demi-nu assis à g., s'appuyant de la main g. sur un trident, et portant sur la main d. étendue un dauphin à g. Dans le champ à d., Β; à g., contremarque en relief, tête de Zeus diadémée à g. BMC. p. 98, 35. Recueil p. 192, 47, pl. XXV, 33. Très beau. — Collection Jean P. Lambros, Athènes — — Catalogue Hirsch XXIX, n° 638. — |
| 1350 | 16.97 | AR 30 | *Fin du IIIe et IIe siècle.* Tête tourelée de Sinopé à d., les cheveux relevés, quelques mèches retombant sur la nuque. Elle porte des boucles d'oreilles à trois pendentifs et un collier à pendentifs. ℞. ΣΙΝΩΡΕΩΝ· Apollon nu, une draperie sur la jambe g., assis à d. sur l'omphale recouvert du filet et tenant la lyre et le plectre. Dans le champ à d. Α \| Μ \| ΑΡ. BMC.—. Recueil p. 193, 50, pl. XXV, 351. Comp. 240. De la plus grande rareté et de toute beauté. — Ancienne collection Jean P. Lambros, Athènes. Cat. Hirsch XXIX, n° 639. — |
| | | | BITHYNIE |
| | | | **Calchédon.** |
| 1351 | 15.07 | AR 24 | *412-394.* ΚΑΛΧ· Taureau debout à g. sur un épi de blé. Devant, ΑΡ. ℞. Carré creux, la surface pointillée, partagée en quatre carrés. BMC. 13, var. Bab. pl. 181, 25. T.B. — Collection G. Philipsen, Copenhague. Cat. Hirsch XXV, n° 1690. — |

| Nos | Poids | Métal et Module | |
|---|---|---|---|
| | | | **Clos.** |
| 1352 | 2.55 | Æ 14 | *330-302.* ΚΙΑ· Tête laurée d'Apollon, les cheveux retombant sur la nuque. ℞. Proue de galère à g., le bastingage orné d'une étoile. En haut et en bas, nom de mag., ΓΡΟ· \| ΕΝΟ·· BMC. 11. Bab. pl. 180, 17. Recueil p. 312, 3, pl. XLIX, 18. Superbe. |
| 1353 | 2.50 | Æ 13,5 | Un deuxième exemplaire pareil. T.B. |
| 1354 | 2.35 | Æ 11 | Tête semblable d'Apollon. ℞. Même type de proue de galère, sans l'étoile. Nom de magistrat douteux, peut-être, ΝΙΚΙ·· Cf. Bab. pl. 180, 14. T.B. |
| | | | **Héraclée.** |
| 1355 | 2.49 | Æ 14 | *394-352.* Tête barbue d'Héraclès à g., coiffée de la peau de lion. ΗΡΑΚ \| ΛΕΙΑ· Arc et carquois recouverts de la peau de lion; au-dessus, la massue couchée. Cercle creux. BMC.—. Bab. pl. 182, 22. Recueil p. 346, 8, pl. LV, 10. Superbe. |
| 1356 | 1.23 | Æ 11 | Même droit. ℞. ΗΡΑΚ \| ΛΕΙΑ· Massue. Cercle creux. BMC. 7. Bab. pl. 182, 25. Recueil p. 347, 12, pl. LV, 13. T.B. |
| 1357 | 1.22 | Æ 11 | Un deuxième exemplaire. T.B. |
| 1358 | 9.76 | Æ 23 | *Timothée et Dionysos. 345-337.* Tête de Dionysos imberbe à g., couronnée de lierre, les cheveux retombant sur la nuque, un thyrse sur l'épaule. ℞. ΤΙΜΟΘΕΟ·· - ΔΙΟΝΥΣΙΟΥ· Héraclès nu, imberbe, debout à g., la peau de lion pendant de l'épaule d., achevant d'ériger un trophée. BMC. 21, var. Bab. pl. 183, 14. Recueil p. 356, 33, pl. LVI, 1. T.B. |
| | | | ROIS DE BITHYNIE |
| | | | **Prusias I** (*fils de Ziaëlas*). *238-183.* |
| 1359 | 16.93 | Æ 31 | Tête du roi barbue et diadémée à d. ℞. ΒΑΣΙΛΕΩΣ - ΠΡΟΥΣΙοΥ· Zeus demi-nu, debout à g., s'appuyant sur un sceptre et couronnant le nom du roi. Devant lui, un foudre et ME : AN· BMC. 2. Recueil p. 220, pl. XXIX, 10. Comp. 242. Très beau. |
| | | | **Prusias II.** *183-149.* |
| 1360 | 16.89 | Æ 31 | Tête du roi avec barbe naissante aux joues à d., portant un diadème ailé. ℞. ΒΑΣΙΛΕΩΣ - ΠΡΟΥΣΙοΥ· Zeus debout à g., comme ci-dessus. Devant lui, un aigle debout à g., sur un foudre, et ME· BMC. 1/2, var. Recueil p. 221, 10, pl. XXIX, 14. Comp. 243. De toute beauté. — Ancienne collection Sevastopoulos, Athènes. — |
| | | | **Nicomède II** (*Epiphane*). *149-120* (?). |
| 1361 | 16.75 | Æ 39,5 | Tête du roi imberbe, diadémée à d. ℞. ΒΑΣΙΛΕΩΣ-ΕΠΙΦΑΝΟΥΣ \| ΝΙΚΟΜΗΔΟΥ· Zeus debout à g., comme ci-dessus. Devant lui, un aigle debout à g., et ΡΜΕ· BMC.—. Recueil p. 228, 40. Flan extrêmement large. De toute beauté. |

| Nos | Poids | Métal et Module | |
|---|---|---|---|
| 1362 | 16.50 | AR 39 | Autre exemplaire semblable. Devant Zeus, l'aigle à g. sur un foudre et [monogramme] \| ΓΞΡ (l'an 163). BMC. 2, var. Recueil p. 229, 40. Très beau. |
| | | | **Nicomède III** (*Evergète*). *120-92* (?). |
| 1363 | 16.50 | AR 35 | Tête diadémée du roi à d. ℞. Même légende et même type que ci-dessus. Au-dessous de l'aigle, [monogramme] et ΖΣ (l'an 207). BMC. p. 215, 4. Recueil p. 232, pl. XXXIV, 1. Superbe. |
| | | | MYSIE |
| | | | **Cyzique.** |
| 1364 | 2.69 | El. 11 | *Monnaies d'électrum. Du VIe siècle à 475.* Niké courant à g., les ailes éployées et détournant la tête; elle est vêtue d'un chiton court et d'une tunique talaire; de la main d. levée elle tient un thon par la queue et de la g. baissée elle relève le bord de sa tunique. ℞. Carré creux en ailes de moulin. BMC. 26. Bab. pl. 7, 2. Comp. 245. Superbe. — Collection Sir H. Weber, Londres. — |
| 1365 | 16.16 | El. 18 | Tête de lionne à g., la gueule fermée; derrière, le thon, tête en haut. ℞. Carré creux en ailes de moulin. BMC. 39. Greenwell p. 107, n° 115. Bab. pl. 7, 35. Comp. 247. Très rare. Superbe. — Ancienne collection Sevastopoulos, Athènes. — |
| 1366 | 15.86 | El. 17,5 | *475-350.* Tête jeune, imberbe, du héros Cyzicos (?) à g., les cheveux courts; dessous, le thon. ℞. Carré creux en ailes de moulin. BMC. 23. Greenwell n° 80, pl. IV, 1. Bab. II, pl. 173, 2. Comp. 246. Très rare. Très beau. — Collection Sir H. Weber, Londres. — |
| 1367 | 2.70 | El. 10,5 | Tête d'Atys à d., coiffée du bonnet phrygien ceint d'un torsade, les fanons sur le cou; dessous, le thon. ℞. Carré creux, en ailes de moulin. BMC.—. Bab. pl. 173, 28. Très rare. Très beau. |
| 1368 | 16.— | El. 17 | Satyre nu, barbu, chauve, accroupi à d. et versant le contenu d'une amphore posée sur le genou g., dans un canthare qu'il tient de la main d. Au-dessous, le thon. ℞. Carré creux en ailes de moulin. BMC. 67. Greenwell 42, pl. II, 20. Bab. pl. 175, 27. Comp. 249. Style et conservation superbes. — Collection Sir H. Weber, Londres. — |
| 1369 | 15.98 | El. 19 | Taureau marchant à g. Au-dessous, le thon. ℞. Carré creux en ailes de moulin. BMC. 85. Greenwell 121, pl. V, 15. Bab. pl. 177, 1. Comp. 250. Très rare. Très beau. — Collection Sir H. Weber, Londres. — |
| 1370 | 16.29 | El. 8,5 | Chien à g., levant la patte d. de devant; dessous, le thon. ℞. Carré creux en ailes de moulin. BMC. 91, var. Greenwell n° 138, pl. V, 34. Bab. pl. 177, 6. Comp. 248. Très rare. Très beau. — Ancienne collection Sevastopoulos, Athènes. — |
| 1371 | 2.65 | El. 11 | Même description. BMC. 91. Bab. pl. 177, 7. Très beau. — Collection Sir H. Weber, Londres. — |

| Nos | Poids | Métal et Module | |
|---|---|---|---|
| 1372 | 2.64 | El. 11 | Sanglier allant à g.; dessous, le thon. ℞. Carré creux en ailes de moulin. BMC. 90. Bab. pl. 177, 15. Superbe.<br>— Collection Sir H. Weber, Londres. — |
| 1373 | 16.03 | El. 23 | Deux aigles perchés, en regard, sur l'omphalos delphique enveloppé de la résille (ἀγρηνόν); dessous, le thon. ℞. Carré creux en ailes de moulin. BMC. 100. Greenwell n° 22, pl. I, 23. Bab. pl. 177, 24. Comp. 251. Très rare. Flan très large. Superbe.<br>— Collection Sir H. Weber, Londres. — |
| 1374 | 0.38 | AR 7,5 | *Monnaies en argent. 480-400.* Protomé de sanglier à g., les pattes repliées; derrière, le thon. ℞. Tête de lion à g., la gueule béante; carré creux. BMC. 115. Bab. pl. 178, 4. T.B. |
| 1375 | 14.94 | AR 23,5 | *394-330.* ΣΩΤΕΙΡΑ· Tête de Coré Soteira à g., couronnée d'épis, les cheveux dans un saccos, un léger voile descendant sur la nuque et les épaules. Elle a des pendants d'oreilles. ℞. ΚΥ-ΖΙ· Tête de lion à g., la gueule béante; au-dessous, le thon à g. Derrière, bucrane enguirlandé. BMC. 124. Bab. pl. 178, 16, var. Superbe.<br>— Cat. Hirsch XXVI, n° 537. — |
| 1376 | 15.22 | AR 21 | Même légende et tête semblable de Coré Soteira, d'un style magnifique et d'un relief extrêmement haut. ℞. Κ-ΥΖΙΚΗΝ-ΩΝ· Type pareil au précédent. Derrière, une rose sur sa tige. BMC. 134, var. Bab. pl. 178, 21 et 22, var. Comp. 252. Très rare. De toute beauté.<br>— Vente à Londres 1905, n° 94. — |
| 1377 | 10.70 | AR 24,5 | *323-306.* ΣΩΤΕΙΡΑ· Tête de Coré Soteira à g., couronnée d'épis, les cheveux retenus dans son voile enroulé; elle a pendants d'oreilles et un collier. ℞. ΚΥ-Ζ \| Ι· Apollon assis, à g., sur l'omphalos delphique, lauré, le torse nu, les jambes drapées, tenant de la main d. avancée une patère, et s'appuyant de l'avant-bras g. sur sa lyre posée à terre à côté de lui; dans le champ à g., Α· BMC. 132, var. Bab. pl. 179, 4, var. Style et conservation superbes. |
| 1378 | 13.28 | AR 22,5 | Tête semblable de Coré Soteira d'un très haut relief. ℞. Même légende et même type d'Apollon, d'un style moins beau. Dans le champ à g., Α̂ et une proue de navire. BMC. 132, var. Bab. pl. 179, 4. Comp. 253. De toute beauté.<br>— Collection Th. Prowe, Moscou. Vente à Vienne 1904, n° 1218. — |

## Lampsaque.

| Nos | Poids | Métal et Module | |
|---|---|---|---|
| 1379 | 15.21 | El. 18 | *500-450.* Protomé de cheval ailé, bondissant à g., dessous, Ξ; au pourtour une couronne de vigne. ℞. Carré creux partagé en quatre compartiments réguliers dont deux plus profonds que les deux autres. BMC. 8. Bab. pl. 8, 3. Très beau. |
| 1380 | 0.43 | AR 7 | Protomé d'hippocampe ailé bondissant à g. ℞. Carré creux irrégulier. BMC.—. Bab. pl 16, 15. T. B. |
| 1381 | 8.43 | AV 16,5 | *394-350.* Tête laurée de Zeus à g., avec le foudre sur l'épaule d.; les cheveux retombant sur la nuque. ℞. Protomé de cheval ailé, bondissant à d. Carré creux. BMC. 28. Baldwin n° 9, pl. I, 14-18. Bab. pl. 171, 3. Comp. 255. Style superbe et de toute beauté.<br>— Collection Robert Allatini, Londres. — |

| Nos | Poids | Métal et Module | |
|---|---|---|---|
| 1382 | 8.46 | AV 17 | Tête de Ménade à g., couronnée de lierre; les cheveux soulevés flottent en arrière avec des bandelettes; pendants d'oreilles et collier. ℟. Pareil au précédent. BMC. 29. Baldwin nº 25, pl. III, 4-6. Bab. pl. 171, 21. Comp. 256. De toute rareté et de toute beauté. — Cat. Hirsch XXXIV, nº 465. — |
| 1383 | 8.39 | AV 18 | Tête de déesse à g., les cheveux dans un saccos, et ceinte d'une couronne de lotus; elle a des pendants d'oreilles. ℟. Pareil au précédent. BMC. 30. Baldwin nº 19, pl. II, 13 à 16. Bab. pl. 171, 15. Comp. 257. De toute rareté et de toute beauté. — Collection Sir H. Weber, Londres. — |
| 1384 | 2.09 | AR 11 | *394-300.* Tête janiforme de femme, diadémée. Grènetis. ℟. ΑΨ-ΛΑΜ. Tête d'Athéna à d., coiffée du casque corinthien, les cheveux ondulés retombant sur la nuque. Cercle creux. BMC. 36. Bab. pl. 172, 17. Très beau. — Collection R. Allatini, Londres. — |
| 1385 | 1.26 | AR 11 | Tête janiforme semblable, avec boucles d'oreilles rondes, les cheveux en pointillé. ℟. Λ..Ψ. Même type d'Athéna. BMC. 36 sq. Bab. pl. 172, 12 sq., var. T.B. |
| | | | **Parion.** |
| 1386 | 3.78 | AR 13,5 | *500-400.* Masque de Gorgone, tirant la langue. ℟. Carré creux sillonné de lignes. BMC. 1 sq. Bab. pl. 16, 22. T.B. — Vente Fenerly Bey, Vienne 1912, nº 539. — |
| 1387 | 2.50 | AR 13,5 | *350-300.* Masque de Gorgone, tirant la langue; la tête est environnée de serpents. Champ concave. ℟. ΠΑ \| ΡΙ. Taureau debout à g., détournant la tête. BMC. 14. Bab. pl. 172, 23 sq., var. Très beau. |
| 1388 | 2.24 | AR 14 | Autre exemplaire semblable. A. l'ex. du revers, grappe de raisin. BMC. 24. Bab. II, p. 1385, 2581. T.B. |
| | | | ROIS DE PERGAME |
| | | | **Philétaire.** *284-263.* |
| 1389 | 16.86 | AR 29 | *284-281.* Tête imberbe d'Héraclès à d., coiffée de la peau de lion. ℟. ΣΕΛΕΥΚΟΥ-ΒΑΣΙΛΕΩΣ. Zeus aëtophore assis à g., le torse nu, les jambes drapées; la main g. s'appuyant sur le sceptre. Sous le trône, croissant; dans le champ à g., tête d'Athéna à d., coiffée du casque corinthien à aigrette. BMC. p. 113, 26. Babelon, Les rois de Syrie, p. 3, 11. Head p. 533. Très rare. Très beau. — Philétaire avait été nommé trésorier par Lysimaque et chargé par lui de veiller sur ses 9000 talents déposés à Pergame. En 284 il se déclara indépendant, tout en reconnaissant Seleucus Nicator comme son suzerain. — |
| | | | **Eumène I.** *263-241.* |
| 1390 | 17.— | AR 30 | Tête de Philétaire laurée et diadémée à d. Grènetis. ℟. ΦΙΛΕΤΑΙΡΟΥ. Athéna drapée et casquée assise à g., maintenant devant elle un bouclier orné du Gorgoneion, une lance reposant contre l'épaule; entre le bouclier et le bras d., une feuille de lierre; derrière, un arc; sur le trône, Α. BMC. 30. Superbe. — Collection F. S. Benson. Vente à Londres 1909, nº 654. — |

| Nos | Poids | Métal et Module | |
|---|---|---|---|
| 1391 | 16.79 | Æ 19 | Un deuxième exemplaire. T.B.<br>— Collection Hidden, Londres 1917. — |
| | | | **Attale I.** *241-197.* |
| 1392 | 17.04 | Æ 31 | Même tête. Grènetis. ℟. ΦΙΛΕΤΑΙΡΟΥ (à g.) Même type d'Athéna. Elle couronne de sa main d. étendue le nom du roi. Au-dessous du bras, Α; dans le champ à g., la feuille de lierre. BMC. 35. De toute beauté.<br>— Collections Hazlitt et R. Allatini, Londres. — |
| | | | **Eumène II.** *197-159.* |
| 1393 | 17.07 | Æ 29 | Tête de Philétaire à d., diadémée et couronnée de laurier. Grènetis. ℟. Semblable au précédent. Sous le bras d. d'Athéna, Ѧ; dans le champ à g., une abeille. BMC. 44, var. Très beau. |
| | | | **Attale II.** *159-138.* |
| 1394 | 16.84 | Æ 34 | Même tête de Philétaire. ℟. Semblable au précédent. Sous le bras d. d'Athéna, ΑΣ; dans le champ à g., un trident. BMC. 48 sq., var. Comp. 259. Flan très large. Superbe.<br>— Ancienne collection Sevastopoulos, Athènes. — |
| | | | **Les Cistophores.** |
| 1395 | 12.57 | Æ 27 | *133-67.* Serpent se glissant dans la ciste bachique dont le couvercle est mi-ouvert. Le tout dans une couronne de lierre en fleur. ℟. ΠΕ. Arc dans le goryte, paré d'aplustre, entouré de deux serpents dressés et enlacés; à d., serpent enroulé autour du thyrse; en haut, ΑΡ \| ΠΥ et une étoile. BMC. p. 124, 98. Superbe. |
| 1396 | 12.49 | Æ 27 | Même droit. ℟. Semblable au précédent, mais en haut, ΚΤ \| ΠΥ. BMC. p. 125, 113. F.D.C. |
| 1397 | 12.42 | Æ 27 | Même droit. ℟. Semblable au précédent; en haut, ΜΗ. BMC. p. 125, 116. Superbe. |
| 1398 | 12.07 | Æ 25 | Même droit. ℟. Semblable au précédent; en haut, ΠΥ dans une couronne, et ΜΟΣ. BMC. p. 125, 118. T.B. |
| | | | **Proconnésos.** |
| 1399 | 2.53 | Æ 12,5 | *400-280.* Tête de Cybèle Dindymène à g., les cheveux dans une sphendone; elle a des boucles d'oreilles et un collier de perles. ℟. ΠΡΟ-ΚΟΝ. Œnochoë à g. BMC. p. 178, 3. Bab. pl. 179, 19. Comp. 260. Superbe.<br>— Collection R. Allatini, Londres. — |

| Nos | Poids | Métal et Module | |
|---|---|---|---|
| | | | **TROADE** |
| | | | **Abydos.** |
| 1400 | 2.68 | $AR^{13.5}$ | *340-300*. Tête laurée d'Apollon à d., les cheveux retombant sur la nuque. ℞. ΑΒΥ· Aigle debout à d. Dans le champ à d., une abeille; à g., nom de mag., ΥΛΙΠΠΟΣ· BMC. 22. Bab. pl. 168, 20. Superbe. |
| 1401 | 16.67 | $AR^{30.5}$ | *Après 196*. Buste d'Artémis diadémé à d., l'arc et le carquois sur l'épaule. Grènetis. ℞. ΑΒΥ-ΔΗ-ΝΩΝ· Aigle debout à d., les pattes écartées, les ailes éployées; dans le champ à d., un épi de blé réuni à une grappe de raisin. A l'ex., mag., ΠΑΡΜЄΝΙϹΚΟ·· Le tout dans une couronne de laurier. BMC., Waddington, Münsterberg —. Comp. 261. Très rare. T.B. |
| 1402 | 16.31 | $AR^{29}$ | Même tête d'un style différent. ℞. ΑΒΥ ΔΗ ΝΩΝ· Type d'aigle semblable au précédent. Dans le champ à d., une grande torche allumée. A l'ex., mag., ΔΙΟΝΥΣΙΟΥ· Couronne de laurier au pourtour. BMC., Wadd., Münsterberg —. Comp. 262. Très rare. Très beau. |
| 1403 | 16.87 | $AR^{31}$ | Type semblable au précédent, de joli style. ℞. ΑΒΥΔΗΝΩΝ· Même type d'aigle. Devant lui, une palme. A l'ex., mag., ΑΠΟΛΛΟΦΑ \| ΝΟΥ· Couronne de laurier au pourtour. BMC. 52. Superbe. — Collection Maxime Collignon, Vente à Paris 1919, n° 316. — |
| | | | **Cébren.** |
| 1404 | 1.30 | $AR^{11}$ | *500-400*. Tête de bélier à d. ℞. Carré creux partagé en quatre carrés dont deux en relief. BMC. 3. Bab.—. Très beau. |
| 1405 | 0.40 | $AR^{7}$ | ΚΕ· Protomé de bélier courant à d. ℞. Carré creux quadripartit. BMC. p. 43, 12. Bab. pl. 164, 16. T.B. |
| 1406 | 1.83 | $AR^{11}$ | Tête de bélier à d. ℞. Gorgoneion tirant la langue, la tête est environnée de serpents. BMC., Bab. , cf. Imhoof-Blumer, Z. f. N. III, 1876, p. 307, 2. T.B. |
| | | | **Dardanos.** |
| 1407 | 14.03 | $El.^{20}$ | *Ve siècle*. Coq à d. Au-dessus, une grande palmette stylisée, avec une double volute à la base. ℞. Carré creux en quatre compartiments. BMC. (Ionie) p. 8, 34. Bab. (Chios) pl. VIII, 10. Head p. 544. Comp. 276. De la plus grande rareté. Superbe. — Collection Sir H. Weber, Londres. — |
| | | | **ILES DE TROADE** |
| | | | **Ténédos.** |
| 1408 | 16.75 | $AR^{30}$ | *Après 189*. Tête janiforme; à g., tête d'homme barbue et laurée; à d., tête de femme avec stéphané (Zeus et Héra). ℞. ΤΕΝΕΔΙΩΝ· Bipenne. Dans le champ à d., une main d., vue de dos; à g., grappe de raisin sur son cep et monogramme· Couronne de laurier au pourtour. BMC.—, cf. BMC. 14 sq. Comp. 263. Très rare. Superbe. — Cat. Hirsch XXXIII, n° 823. — |

| Nos | Poids | Métal et Module | |
|---|---|---|---|
| 1409 | 16.82 | Æ 31 | Même droit. ℞. Pareil au précédent, sauf, dans le champ à g., le monogr. ; à d., Héraclès debout de face, la tête ceinte d'une couronne, dont les bandelettes flottent sur les épaules; il a son bras g. enveloppé de la peau de lion et s'appuie de la main d. sur la massue. BMC. p. 94, 27. Très beau. — Ancienne collection G. Philipsen, Copenhague. Cat. Hirsch XXV, nº 1950. — |
| | | | **ÉOLIDE** |
| | | | **Cymé.** |
| 1410 | 16.31 | Æ 34 | *Après 190.* Tête de Cymé à d., une bandelette dans les cheveux relevés en chignon. ℞. ΚΥΜΑΙΩΝ. Cheval bridé au pas à d., levant le pied g. de devant; au-dessous de ce pied, une coupe à une anse. A l'ex., ΚΑΛΛΙΑΣ · Au pourtour, une couronne de laurier, nouée au bas. BMC. 73. T.B. |
| 1411 | 16.50 | Æ 30 | Autre exemplaire semblable de très joli style; nom de mag., ΣΤΡΑΤΩΝ · BMC. 73 sq., var. Cf. Imh.-Blumer, Kleinas. Münz. p. 47, 1. Superbe. — Collection R. Allatini, Londres. — |
| 1412 | 16.86 | Æ 30 | Un deuxième exemplaire pareil. Superbe. — Cat. Hirsch XXXI, nº 455. — |
| 1413 | 16.77 | Æ 33 | Autre exemplaire semblable; la coupe est placée au-dessous du ventre du cheval. Nom de mag., ΣΕΥΘΗΣ · BMC. 78. Superbe. |
| | | | **Elæa.** |
| 1414 | 0.34 | Æ 8 | *Après 460.* Tête d'Athéna à g., coiffée du casque athénien à aigrette. ℞. · ΛΑ · Couronne d'olivier. BMC. p. 125, 2. Bab. pl. 157, 33. T.B. |
| | | | **Myrhina.** |
| 1415 | 16.55 | Æ 32 | *Après 189.* Tête laurée d'Apollon à d., les cheveux retombant en mèches sur la nuque. ℞. ΜΥΡΙΝΑΙΩΝ · Apollon Grynion demi-nu, marchant à d., tenant une patère et le rameau lustral enguirlandé; à ses pieds à d., l'omphalos delphique et un diota; dans le champ à g., · Le tout dans une couronne de laurier. BMC. p. 136, 8. Superbe. |
| 1416 | 15.15 | Æ 35 | Autre exemplaire semblable; dans le champ à g. du revers, · BMC. 12. Superbe. |
| | | | **LESBOS** |
| 1417 | 0.52 | Bill. 7 | *550-440.* Deux têtes de sanglier affrontées. ℞. Carré creux quadripartit. BMC. 18. Bab. pl. 14, 15. T.B. |
| 1418 | 0.86 | Bill. 8 | Tête de nègre à d. ℞. Carré creux. BMC. 44. Bab. pl. 15, 6. T.B. |
| 1419 | 10.85 | Bill. 20 | Deux têtes de veau affrontées, séparées par une tige d'olivier chargée de feuilles et de fruits. ℞. Carré creux. BMC. 46. Bab. pl. 15, 14. Superbe. |

| Nos | Poids | Métal et Module | |
|---|---|---|---|
| 1420 | 14. – | El.$^{19}$ | *Vers 500.* Laie marchant à d. ℞. Carré creux quadripartit. BMC. (Ionie) pl. 1, 25. Bab. (Chios) pl. 8, 11. Head (Lesbos) p. 558. Comp. 275. Extrêmement rare. Superbe. — Collection Sir H. Weber, Londres. — |
| 1421 | 2.56 | El.$^{10}$ | *480-350.* Protomé de sanglier ailé bondissant à d. ℞. Tête de lion, la gueule béante, à d. (type incus); derrière, un petit rectangle. BMC. 1. Bab. pl. 159, 17. Superbe. — Collection Sir H. Weber, Londres. — |
| 1422 | 2.49 | El.$^{11}$ | Protomé de cheval bondissant à d. ℞. Pareil au précédent. BMC. 16, var. Bab. pl. 159, 25. T.B. — Collection Sir H. Weber, Londres. — |
| 1423 | 2.51 | El.$^{11}$ | Tête de lion à d., la gueule béante. ℞. Tête de veau à d. (type incus); derrière la section du cou, un rectangle creux. BMC. 20. Bab. pl. 159, 4. T.B. |
| 1424 | 2.52 | El.$^{10}$ | Tête de Dionysos jeune, couronnée de lierre, à d., les cheveux longs. ℞. Tête barbue de Satyre de face, chauve, avec des oreilles de cheval. Carré de lignes. BMC. 77. Bab. pl. 161, 2. T.B. |
| 1425 | 2.55 | El.$^{10}$ | Tête imberbe d'un Dioscure à d., coiffée d'un pilos lauré; de part et d'autre du pilos, une étoile. ℞. Tête de femme à d., les cheveux relevés autour de la tête; elle a une boucle d'oreilles ronde. Carré de lignes. BMC. 98. Bab. pl. 161, 27. Superbe. |
| 1426 | 2.55 | El.$^{11}$ | Tête imberbe de Zeus Ammon à d. ℞. Aigle debout à d., détournant la tête. Carré de lignes et creux. BMC. 110. Bab. pl. 161, 30. Superbe. — Vente Julien L. Brown, Philadelphie, mai 1911. — |
| 1427 | 2.54 | El.$^{11}$ | Un deuxième exemplaire. Superbe. — Vente Headlam, Londres 1916, n° 312. — |
| 1428 | 2.06 | El.$^{11}$ | Tête laurée de Zeus à d. ℞. Protomé de serpent dressé et sifflant, à d. Carré de lignes. BMC. 115. Bab. pl. 161, 36. Fourrée (?). T.B. |
| 1429 | 2.58 | El.$^{10}$ | Tête voilée de Déméter couronnée d'épis, à d. ℞. Trépied surmonté de la cortine et orné de bandelettes noueuses. Carré de lignes. BMC. 118. Bab. pl. 161, 39. Superbe. |

## Méthymna.

| Nos | Poids | Métal et Module | |
|---|---|---|---|
| 1430 | 8.46 | AR $^{21.5}$ | *523-513.* **MAΘYMNAIO**·· Sanglier marchant à d., se grattant le groin avec une patte de devant. ℞. Tête d'Athéna à d., le casque orné de volutes et sur le devant, un crochet; les cheveux indiqués en pointillé, retombant sur la nuque; elle porte un collier de perles. Carré creux bordé d'un grènetis. BMC.—. Bab. pl. 15, 20. Comp. 264. T.B. — Ancienne collection Sevastopoulos, Athènes. — — Catalogue Hirsch XIII, n° 3596. — |
| 1431 | 3.74 | AR $^{13}$ | *500-450.* Guerrier (hoplite) à demi agenouillé à g. et combattant avec la lance, en se couvrant du bouclier. ℞. Cavalier sur un protomé de cheval au galop à d. Carré creux bordé d'un grènetis. BMC. 7. Bab. pl. 15, 22. T.B. |

| Nos | Poids | Métal et Module | |
|---|---|---|---|
| | | | **Mytilène.** |
| 1432 | 1.34 | AR 10 | *400-350.* Tête laurée d'Apollon à d., les cheveux retombant sur la nuque. ℞. **MYTI·** Tête de femme à d. (Sapho ou Mytilèné?), les cheveux relevés autour de la tête et sur la nuque; elle a des boucles d'oreilles et un collier. Symbole indistinct. BMC. p. 185, 13 et note. Bab. 162, 12/14. T.B. |
| 1433 | 2.75 | AR 14 | *350-250.* Tête laurée d'Apollon à d., les cheveux retombant sur la nuque. ℞. **MY \| T-I·** Lyre à six cordes, ornée d'une bandelette noueuse. Symbole indistinct. Carré de lignes. BMC. 32 sq. Bab. pl. 162, 22 sq. Superbe. — Collection W. A. Colegate. — |
| 1434 | 2.67 | AR 13 | Autre exemplaire semblable. Symbole, foudre (à g.) et **B<** · BMC. 32 sq., var. Bab. pl. 162, 23. Très beau. |
| | | | IONIE |
| | | | **Villes incertaines.** |
| 1435 | 1.34 | El. 8,5 | *VIe et Ve siècles.* Coq debout à g. ℞. Carré creux informe. BMC.—. Bab. pl. 3, 11, var. Très rare. T.B. |
| 1436 | 2.53 | El. 11 | Tête imberbe d'Héraclès à g., coiffée de la peau de lion; au-dessous de la tranche du cou, sa massue couchée. ℞. Carré creux quadripartit. BMC. (Ionie) pl. III, 15. Bab. pl. 5, 18. T.B. — Collection Sir H. Weber, Londres. — |
| 1437 | 0.70 | AR 7 | Tête de sanglier à d. ℞. Carré creux irrégulier. BMC.—. Bab. pl. 28, 8. T. B. |
| 1438 | 8.07 | AR 19 | Protomé de lion ailé et protomé de cheval ailé, accolées l'une à l'autre en sens inverse. Grènetis. ℞. Carré creux quadripartit. BMC.—. Bab. pl. 28, 10. Très rare. T.B. — Attribué par J.-P. Svoronos (Journ. int. 1919) à Myrinos de Péonie. — |
| 1439 | 1.22 | AR 9 | Tête de femme à g., les cheveux dans une cécryphale et sur le front en pointillé. ℞. Carré creux quadripartit. BMC. —. Bab. pl. 28, 16. Très beau. — Pièce omise sur la planche. — |
| | | | **Clazomène.** |
| 1440 | 7.03 | AR 18 | *545-494.* Protomé de sanglier ailé bondissant à d. ℞. Carré creux irrégulier. BMC. 5. Bab. pl. 12, 14. Très beau. — Cf. Svoronos, Journ. int. 1919, p. 232, 2, attribué au Pangée. — |
| 1441 | 4.11 | AR 17 | *387-301.* Tête d'Apollon laurée, presque de face, un peu inclinée à g., les cheveux longs, bouclés et partagés au milieu du front, la chlamyde nouée sous le cou. ℞. **ΚΛ·** Cygne debout à g., le cou dressé et battant des ailes. Nom de mag., **ΑΠ-ΟΛΛΑ-Σ·** BMC. 23, var. Bab. pl. 155, 25. Comp. 265. Style et conservation superbes. — Ancienne collection Sangorski. — |
| 1442 | 1.85 | AR 12 | Même tête. ℞. **ΚΛΑ·** Même type de cygne à d. Nom de mag., **ΜΝΗΣΙΘ····** BMC. 27, var. Bab. pl. 155, 30. Superbe. |

| Nos | Poids | Métal et Module | |
|---|---|---|---|
| 1443 | 1.99 | Æ 12.5 | Même tête. R. ΚΑ-Α· Même type de cygne à g. Nom de mag., ΠΥΘΕΟΣ-ΗΡ· BMC. 30. Bab. pl. 155, 31. Très beau. |
| | | | **Colophon.** |
| 1444 | 5.15 | Æ 18 | *478-394.* Tête laurée d'Apollon Clarios, à d., les cheveux courts sur la nuque. R. ΚΟΛΟ-Φ-Ω-Ν-ΙΟΝ· Lyre à sept cordes. Carré creux. BMC. 4. Bab. pl. 153, 12. T.B. |
| | | | **Ephèse.** |
| 1445 | 7.64 | Æ 19 | *479-412.* Ε-Φ· Abeille vue de dos, volant. Grènetis. R. Carré creux partagé en quatre carrés par un croisillon en relief. BMC. 14. Bab. pl. 152, 9. Superbe. |
| 1446 | 11.19 | Æ 20 | *394-390.* Σ-Υ-Ν· Héraclès enfant, agenouillé à d. et étranglant un serpent dans chacune de ses mains. R. Ε-Φ· Abeille, vue de dos, volant. Au-dessous, Π-Ε· Grènetis. BMC. 25. Bab. pl. 152, 23. Extrêmement rare. Très beau. <br> — Collection Sir H. Weber, Londres. — <br> — Monnaie d'alliance avec Rhodes, Samos, etc., après la bataille de Cnide, qui libéra les villes d'Asie mineure du joug spartiate. — |
| 1447 | 15.29 | Æ 25 | *390-302.* Ε-Φ· Abeille volant, vue de dos. Grènetis. R. Protomé de cerf à demi agenouillé, à d., et détournant la tête. Dans le champ à g., un palmier. A d., nom de mag., Π-Α-ΛΚΡΑΤΙΔΗΣ· Cercle creux. BMC. 30 sq., var. Bab. II, p. 1103, 1883, var. Münsterberg —. Comp. 267. De toute beauté. |
| 1448 | 6.49 | Æ 22 | *295-280.* Buste diadémé d'Artémis à d., les cheveux relevés et liés en chignon derrière la tête; l'arc et le carquois sur l'épaule. R. Ε-Φ· Protomé de cerf à demi agenouillé à d., détournant la tête; dans le champ à d., une abeille; à g., nom de mag., ΠΡΩΤΙΩΝ· BMC. 111. Superbe. |
| 1449 | 4.08 | Æ 18 | Ε-Φ· Abeille volant, vue de dos. Grènetis. R. Cerf debout à d., devant un palmier. Dans le champ à d., nom de mag., ΑΥΤΟΜΕΔΩ·· Hunterian coll. II, p. 329, 16. Superbe. |
| | | | **Erythrées.** |
| 1450 | 6.99 | Æ 17 | *Avant 480.* Héros nu (Erythros?) sur un cheval harnaché au galop à d. R. Carré creux quadripartit. BMC. 13 sq. Bab. pl. 12, 11. Superbe. <br> — Collection G. Philipsen, Copenhague. Cat. Hirsch XXV, 2128, et collection Paul Mathey. — |
| 1451 | 6.41 | Æ 18 | Un deuxième exemplaire semblable. T.B. |
| 1452 | 4.65 | Æ 16 | *Ve siècle.* Le héros Erythros nu, imberbe, debout à g., à côté de son cheval qu'il tient par la bride. R. Ε-Ρ-Υ-Θ dans les quatre coins d'un carré creux; au milieu, une rosace à seize pétales. BMC. 26. Bab. pl. 154, 27. T.B. <br> — Cat. Hirsch XXXI, 466. — |
| 1453 | 4.55 | Æ 15,5 | Même type de héros à côté de son cheval, sur une base festonnée. R. Semblable au précédent; la rosace à douze pétales. BMC. 30. Bab. pl. 154, 30. T.B. <br> — Collection G. Philipsen, Copenhague. Cat. Hirsch XXV, 2130. — |

| Nos | Poids | Métal et Module | |
|---|---|---|---|
| 1454 | 14.35 | Æ 22 | *387-300.* Tête imberbe d'Héraclès à d., coiffée de la peau de lion. ℞. **ΕΡΥ** · Massue debout et arc dans le goryte, orné d'un acrostolion ; entre les deux, nom de mag., **ΔΙΟΓΕΙΘΗΣ** . Dans le champ à g., une chouette debout à d. BMC. 41, var. Comp. 268. T.B. |
| 1455 | 3.62 | Æ 16,5 | Même tête. Grènetis. ℞. Même légende et même type, sans la chouette. Mag., **ΑΒΡΩΝ** · BMC. 43. T.B.<br>— Ancienne collection Sangorsky. — |
| 1456 | 3.57 | Æ 14 | Autre exemplaire semblable, avec la chouette et nom de mag., **ΔΙΟΓΕΙΘΗΣ** · BMC. 51. T.B. |
| 1457 | 3.90 | Æ 17,5 | *200-133.* Même tête d'Héraclès. ℞. **ΕΡΥ** · Massue et arc dans le goryte ; entre les deux, noms de mag. avec patronyme, **ΗΡΟΔΩΡΟΣ** \| **ΔΙΟΝΥΣΙοΥ** · Au pourtour, une couronne en feuilles de vigne. BMC. 146. T.B. |
| | | | **Magnésie du Méandre.** |
| 1458 | 5.52 | Æ 22 | *350-190.* Cavalier cuirassé, coiffé du casque à aigrette, le manteau flottant, la lance en arrêt, au galop à d. Au-dessous, **Δ** · Grènetis. ℞. **ΜΑΓΝΗΤΩΝ** · Zébu fonçant à g. A l'ex., nom de mag. avec patronyme, **ΔΙΟΝΥΣΙΟΣ** \| **ΔΗΜΗΤΡΙΟΥ** · Au pourtour, un cercle méandroïde. BMC. 4, var. Num. Chron. 1905 n° 340. Comp. 269. Très rare. Superbe.<br>— Cat. Hirsch XVI, 636, et collection Th. Prowe, Moscou. — |
| 1459 | 2.84 | Æ 15 | Même type de cavalier ; au-dessous du cheval, **B** · Grènetis. ℞. Même légende et même type de zébu. Mag., **ΕΡΑΣΙΠΠΟΣ** \| **ΑΡΙΣΤΕΟΥ** · BMC. 7, var. Superbe. |
| 1460 | 15.92 | Æ 24,5 | *190-133.* Buste d'Artémis à d., stéphané dans les cheveux relevés en chignon sur la nuque et ondulés sur le front. L'arc et le carquois sur l'épaule. ℞. **ΜΑΓΝΗΤΩΝ** · Apollon nu, debout à g., tenant une guirlande et s'appuyant du bras g. à un trépied derrière lui, surmonté d'un carquois ; au-dessous, une base méandroïde ; à g., nom de mag. avec patronyme, **ΗΡΟΓΝΗΤΟΣ** \| **ΣΩΓΥΡΙΩΝΟΣ** · Au pourtour, une couronne de laurier. BMC. 38. Comp. 270. Flan très large. Superbe.<br>— Collection W. T. Barron. Cat. Hirsch XXX, 570. — |
| | | | **Milet.** |
| 1461 | 4.70 | El. 13 | *VI^e^ siècle.* Tête de lion à d., gueule béante, le front orné d'une protubérance radiée. ℞. Deux carrés creux juxtaposés. BMC. (Lydie) 7. Bab. pl. 26. Très beau. |
| 1462 | 1.17 | Æ 9 | *478-390.* Tête de lion à g., la gueule béante, une patte avancée. ℞. La rosace milésienne, dans un carré creux. BMC. 14 sq. Bab. pl. 149, 2. Beau. |
| 1463 | 4.12 | Æ 16 | *Sous Hécatomnos. 395-377.* **ΕΚΑ** · Tête de lion à g., la gueule béante, une patte de devant avancée. ℞. La rosace milésienne, champ concave. BMC. 36. Bab. pl. 89, 19. Superbe. |
| 1464 | 3.61 | Æ 15 | *350-334.* Tête laurée d'Apollon à g., les cheveux retombant sur la nuque. ℞. **Μ** (à g.). Lion debout à g., détournant la tête pour regarder une étoile à huit rayons. A l'ex., nom de mag., **ΝΟΣΣΟΣ** · BMC. 53 sq., var. Bab. II, p. 1054, n° 1760. Très beau. |

| Nos | Poids | Métal et Module | |
|---|---|---|---|
| 1465 | 10.47 | AR 25 | *250-190*. Tête laurée d'Apollon à g., les cheveux retombant sur la nuque. R. ΜΙ· Type pareil au précédent. Devant le lion, ΑΡ; à l'ex., ΝΙΚΟΛΑ·· BMC. 91 sq., var. Imhoof-Blumer, Monn. grecques, p. 294, 103. Comp. 271. De la plus grande rareté. Très beau. — Collection Sir H. Weber, Londres. — |
| 1466 | 5.25 | AR 21 | Même tête. R. Pareil au précédent. Dans le champ à g., Ε; à l'ex., nom de mag., ΛΕΟΝΤΙΣΚΟ· BMC. 93 sq., var. Mionnet, Suppl. VI, 266. Superbe. |
| 1467 | 4.93 | AR 22 | Même tête à d., de joli style. R. Type pareil au précédent, à d. Dans le champ à d., ΑΡ; à l'ex., nom de mag., ·ΕΥΒΟΥΛΟΣ· BMC. 115 sq., var. Münsterberg—. Superbe. |
| 1468 | 4.96 | AR 19 | Autre exemplaire semblable. Dans le champ à d. du revers, Ε; à l'ex., nom de mag., ΠΑΙΩΝΙΟΣ· BMC. 115 sq., var. Münsterberg—. T.B. |
| | | | **Phocée.** |
| 1469 | 0.97 | AR 8 | *600-544*. Tête de phoque à g., l'œil globuleux. R. Carré creux quadripartit. BMC. p. 204, 8. Bab. pl. 4, 8. Très beau. — Collection Sir H. Weber, Londres. — |
| 1470 | 2.53 | El. 10 | Tête de griffon à g., la gueule béante; derrière, le phoque, la tête en haut. R. Carré creux irrégulier. BMC. p. 205, 13. Bab. (Téos) pl. 5, 2. Très beau. — Collection Sir H. Weber, Londres. — |
| 1471 | 1.51 | AR 10 | Type semblable. R. Carré creux quadripartit. BMC. p. 215, 82. Bab. pl. 13, 14. Très beau. — Collection Sir H. Weber, Londres. — |
| 1472 | 2.56 | El. 10 | *480-334*. Tête de jeune Pan à g., couronnée de lierre; dessous, un petit phoque. R. Carré creux quadripartit. BMC. 40. Bab. pl. 158, 18. T.B. |
| 1473 | 2.55 | El. 10 | Tête casquée d'Athéna à g.; le casque athénien orné d'un griffon; dessous, un petit phoque. R. Pareil au précédent. BMC. 45. Bab. pl. 158, 25. T.B. — Vente Headlam, Londres 1916, no 319. — |
| 1474 | 2.54 | El. 10 | Tête d'Athéna à g., coiffée du casque corinthien à aigrette; au-dessous, un petit phoque. R. Pareil au précédent. BMC. 47. Bab. pl. 158, 42. T.B. |
| 1475 | 2.55 | El. 11 | Tête d'Artémis à g., les cheveux relevés par trois cordelettes et noués sur la nuque; carquois à l'épaule; au-dessous, un petit phoque. R. Pareil au précédent. BMC. 51. Bab. pl. 158, 28. Superbe. |
| 1476 | 2.55 | El. 10 | Tête de femme à g. (Ménade ?), les cheveux longs sur le cou, retenus autour de la tête par un bandeau; de petites bandelettes noueuses descendent des tempes devant les oreilles; dessous, le phoque. R. Pareil au précédent. BMC. 57. Bab. pl. 158, 24. T.B. |
| 1477 | 2.52 | El. 10 | Tête de femme à g., les cheveux relevés; elle a des pendants d'oreilles; dessous, un petit phoque. R. Pareil au précédent. BMC. 58. Bab. pl. 158, 36. T.B. — Collection Sir H. Weber, Londres. — |
| 1478 | 2.53 | El. 10 | Protomé de vache à g., les pattes en avant, au-dessus, un petit phoque. R. Pareil au précédent. BMC. 72. Bab. pl. 158, 9. Superbe. |

| Nos | Poids | Métal et Module | |
|---|---|---|---|
| | | | **Priène.** |
| 1479 | 1.93 | Æ 14 | *IIIe siècle.* Tête d'Athéna Polias à g., coiffée d'un casque à triple aigrette. ℞. ΓΡΙΗ · Trident; à d., nom de mag., ΗΓΗΣΙ · Au pourtour, cercle méandroïque. BMC. p. 229, 6, var. Münsterberg—. Très rare. T.B. |
| | | | **Smyrne.** |
| 1480 | 15.49 | Æ 38 | *190-133.* Tête tourelée de Cybèle à d., les cheveux roulés derrière la tête, deux mèches retombant sur la nuque. ℞. ΣΜΥΡ · ΝΑΙΩΝ ; au-dessous ⚕; au pourtour une couronne de chêne. BMC. 3/4, var. Comp. 273. Flan très large. Très beau. — Ancienne coll. G. Philipsen, Copenhague. Cat. Hirsch XXV, n° 2212. — |
| 1481 | 16.40 | Æ 34 | Tête semblable de Cybèle. ℞. ΣΜΥΡΝΑΙΩΝ · Lion marchant à d., levant la patte g. de devant. Au-dessous, nom de mag., ΗΡΑΚΛΕΙΔΗΣ · Au pourtour, couronne de chêne. BMC. p. 238, 6. Comp. 272. Très beau. |
| 1482 | 4.— | Æ 19 | Tête laurée d'Apollon à d., les cheveux roulés derrière la tête, trois mèches retombant sur la nuque. ℞. ΣΜΥΡΝΑΙΩΝ · Homère drapé assis à g., tenant de la main g. un rouleau et levant la main d.; un sceptre est appuyé vers l'épaule d. Devant lui, nom de mag., ΑΓΟΛΛΟΔΟΤΟΣ · BMC. 7, var. Très rare. Superbe. — Collection Sir H. Weber, Londres. — |
| | | | **Téos.** |
| 1483 | 5.91 | Æ 16 | *Avant 544.* Griffon assis à d., le bec ouvert et tirant la langue; il lève une patte de devant, ses ailes sont recroquevillées. ℞. Carré creux partagé en quatre compartiments. BMC. p. 309, 1. Bab. pl. 13, 2. T.B. |
| 1484 | 2.90 | Æ 12 | Même description, le carré creux est irrégulier. BMC., Bab.—, cf. Imh.-Blumer, Griech-Münz., p. 652, 356. Très rare. T.B. — Collection Rhousopoulos, Athènes. Cat. Hirsch XIII, n° 3804. — |
| 1485 | 2.82 | Æ 12 | Un autre exemplaire semblable, avec le carré creux quadripartit. BMC., Bab.—, Imh.-Blumer, l. c., p. 652, 356. De toute beauté. — Collection Paul Mathey, Paris. — |
| 1486 | 1.50 | Æ 10 | Même description. BMC., Bab.—. Très rare. T.B. |
| 1487 | 11.67 | Æ 20 | *545-494.* Griffon assis à d., les ailes recroquevillées, levant la patte g. de devant; devant, un osselet. ℞. Carré creux quadripartit. BMC., Bab.—, cf. BMC. 3 sq. et Bab. pl. 13, 10. Très beau. — Collection Sir H. Weber, Londres. — |
| 1488 | 11.81 | Æ 21 | Autre exemplaire semblable; devant le griffon, une fleur de lotus. BMC.—. Bab. I, p. 318, 506. T.B. — Collection Sir H. Weber, Londres. — |
| 1489 | 11.84 | Æ 22 | Autre exemplaire semblable, d'un flan moins épais. Devant le griffon, une chouette debout à d., la tête de face. BMC.—. Bab. I, p. 318, 506, var. T.B. — Collection Sir H. Weber, Londres. — |

| Nos | Poids | Métal et Module | |
|---|---|---|---|
| 1490 | 11.73 | Æ 25 | *390-301.* Même type de griffon; sous le ventre, une amphore; devant, un phénix debout à d., sur un objet indistinct. Grènetis. ℞. Carré creux partagé en quatre compartiments, dont trois rehaussés et le quatrième granulé. BMC., Bab.—., cf. Mionnet III, p. 257, 1454. T. B. — Collection G. Philipsen, Copenhague. Cat. Hirsch XXV, n° 2222. — |
| 1491 | 11.80 | Æ 23 | Type semblable de griffon; les deux ailes sont visibles. Devant, une massue posée debout. Grènetis. ℞. Carré creux semblable au précédent, avec deux compartiments à surface granulée. BMC. 16, var. Bab. pl. 154, 8. Comp. 274. Très beau. |
| 1492 | 3.46 | Æ 15 | Griffon assis à d., levant la patte g. de devant. ℞. **THIΩN·** et nom de mag., **AΓNΩN**, écrit sur les traverses d'un large croisillon qui partage le carré creux en quatre petits carrés à surface granulée. BMC. 24. Bab. pl. 154, 11. Superbe. — Collection Paul Mathey, Paris. — |
| | | | **ILES D'IONIE** |
| | | | **Chios.** |
| 1493 | 7.93 | Æ 16 | *545-500.* Sphinx ailé assis à g., les ailes recroquevillées; devant lui, une amphore. Au pourtour, une couronne d'olivier (?). ℞. Carré creux partagé en quatre compartiments carrés très profonds, par un croisillon en relief. BMC. 2 sq. Bab. pl. 12, 2. Baldwin, Amer. Journ. Numism. vol. XLVIII, 1914, pl. 1, 25. J. Mavrogordato, Chronol. of the coins of Chios, Oxford 1918, p. 38, pl. 2, 1. T.B. — Collection Sir H. Weber, Londres. — |
| 1494 | 7.81 | Æ 15 | Autre exemplaire semblable; la couronne de lierre hors du flan. BMC. 2 sq. Bab. pl. 12, 4. Baldwin pl. 2, 8. Mavrog. pl. 2, 4. Très beau. — Ancienne collection Sangorski. — |
| 1495 | 7.82 | Æ 16 | Autre exemplaire semblable. T.B. |
| 1496 | 15.30 | Æ 21.5 | *478-394.* Sur un disque bombé, sphinx assis à g., les ailes empennées et retroussées; devant lui, une amphore surmontée d'une grappe de raisin; derrière, au-dessus des ailes, un petit dauphin nageant à g. ℞. Carré creux partagé en quatre petits carrés par un large croisillon. BMC. 5. Bab. pl. 154, 12, var. Baldwin pl. 4, 15 (cet exemplaire). Mavrog. pl. 3, 13. Comp. 278. Très rare. Très beau. — Collection Sir H. Weber, Londres. — |
| 1497 | 3.72 | Æ 14 | Même type de sphinx. ℞. Carré creux semblable au précédent, les compartiments à surface granulée. BMC. 17. Bab. pl. 154, 14. Baldwin pl. 4, 17. Mavrog. pl. 3, 20. T.B. — Collection W. A. Colegate, Londres. — |
| 1498 | 13.82 | Æ 22 | *394-350.* Sur un disque bombé, type de sphinx semblable au précédent, d'un style superbe. ℞. Carré creux peu profond, partagé en quatre petits carrés à surface striée, par deux larges bandes plates, sur l'une desquelles un nom de mag., **AMΦIMHΔHΣ·** BMC. 28 sq., var. Bab. pl. 154, 20, var. Mavrog. p. 98, 49. Baldwin p. 28, 73 (cet exemplaire). Très rare. Beau. — Coll. G. Philipsen, Copenhague. Cat. Hirsch XXV, n° 2247. — |

| Nos | Poids | Métal et Module | |
|---|---|---|---|
| 1499 | 3.70 | AR $^{13.5}$ | Même type de sphinx. ℞. Semblable au précédent, les petits carrés à surface en pointillé; nom de mag., IΓΓΙΑΣ· BMC. 37. Bab. II, p. 1135, 1965. Baldwin pl. 6, 18. Mavrog. pl. 4, 9. Superbe. — Collection Paul Mathey, Paris. — |
| 1500 | 3.97 | AR $^{18}$ | *301-190.* Sphinx assis à g.; devant lui, une grappe de raisin. Grènetis. ℞. ΧΙΟΣ· Amphore; à d., nom de mag., ΕοΝοΜοΣ· Dans le champ à g., un épi de blé. Grènetis. BMC. 46 sq., var. Münsterberg —. Mavrog. p. 130, 56 α. Très beau. |
| 1501 | 3.63 | AR $^{20}$ | *133-84.* Type semblable, comme ci-dessus; nom de mag., ΔΕΡΚΥΛΟΣ· Dans le champ à g., corne d'abondance. BMC. 54. Mavrog. p. 162, 66 γ. T.B. |

## Samos.

| Nos | Poids | Métal et Module | |
|---|---|---|---|
| 1502 | 13.16 | AR $^{21}$ | *494-439.* Mufle de lion de face, les bajoues écartées. ℞. Σ (en haut). Tête (avec cou) de taureau à d. Carré creux. BMC. 22, var. Bab. pl. 11, 28, var. Comp. 279. Très haut relief. Très beau. — Collection Sir H. Weber, Londres. — |
| 1503 | 3.62 | AR $^{14}$ | *439-408.* Protomé de sanglier ailé à g., les pattes repliées. Grènetis. ℞. Mufle de lion de face, les bajoues écartées. Carré creux et grènetis. BMC. 42. Bab. pl. 150, 6. Très beau. |
| 1504 | 3.17 | AR $^{12}$ | Même type de sanglier à d. ℞. Semblable au précédent. BMC. 45 sq. Bab. pl. 150, 5. Superbe. |
| 1505 | 15.35 | AR $^{26}$ | *394-365.* Mufle de lion de face, la crinière rayonnante, les bajoues écartées. ℞. ΣΑ (à d., en bas). Protomé de taureau à d.; sur le cou, une guirlande festonnée; derrière, une branche d'olivier; en bas à d., Ħ dans un cercle; en haut, nom de mag., ΗΓΗΣΙΑΝΑΞ· Carré creux. BMC. 134. Bab. pl. 151, 7. Comp. 281. De toute beauté. |
| 1506 | 15.27 | AR $^{25}$ | Même droit. ℞. Type pareil au précédent. En haut, nom de mag. avec son patronyme, ···ΚΜΕΩΝ \| ΗΓΕΜΟΝΕΩΣ (en lettres très fines). BMC.—. Bab. pl. 151, 9. Comp. 280. Très rare. Superbe. |
| 1507 | 4.63 | AR $^{20}$ | *205-129.* Mufle de lion de face, les bajoues écartées. Grènetis. ℞. ΣΑΜΙΩΝ· Protomé de taureau à d.; devant lui, une branche d'olivier; au-dessous, un cratère et fer de trident à g. BMC. 175 sq. var. Superbe. |

# CARIE

## Plarase et Aphrodisie.

| Nos | Poids | Métal et Module | |
|---|---|---|---|
| 1508 | 3.27 | AR $^{18}$ | *Ier siècle.* Buste diadémé et voilé d'Aphrodite à d. Grènetis. ℞. ΠΛΑΡΑΣΕΩΝ ΚΑΙ ΑΦΡΟΔΕΙΣΙΕΩΝ· Aigle debout à g. sur un foudre ailé. Dans le champ à g. et à d., ΜΕ \| ΝΕ \| ΚΛ \| ΗΣ-ΞΗ \| ΝΩ \| ΝΟ \| Σ· BMC.—, cf. BMC. p. 26, 6 sq. Waddington 2529. T.B. |

## Caunos.

| Nos | Poids | Métal et Module | |
|---|---|---|---|
| 1509 | 11.10 | AR $^{20}$ | *Vers 500.* Protomé de lionne, bondissant à g.; sur l'épaule, Ο· ℞. Carré creux irrégulier. BMC. (Ionie) p. XLIII. Bab. pl. 19, 16. Comp. 292. Très beau. |

| Nos | Poids en grammes | Métal et Module | |
|---|---|---|---|
| | | | **Cnide.** |
| 1510 | 6.22 | Æ 17 | *550-480.* Protomé de lion à d., la gueule béante, une patte avancée. ℞. Tête d'Aphrodite à d., un collier de perles dans les cheveux retombant sur la nuque et liés en nœud à l'extrémité. Collier autour du cou. Carré creux. BMC. p. 85, 12. Bab. pl. 18, 13. Très beau. |
| 1511 | 6.09 | Æ 17 | *412-400.* Même droit. ℞. **K-N \| I·** Tête d'Aphrodite de très beau style à d., les cheveux bouclés et retenus dans une sphendone, nouée au-dessus du front; un collier autour du cou. Carré creux. BMC. 20. Bab. pl. 145, 18. Superbe. |
| 1512 | 1.24 | Æ 11.5 | *390-300.* Tête d'Aphrodite à d., les cheveux enroulés autour de la tête. Grènetis. ℞. **KNI·** Tête et cou de taureau à d. Derrière, nom de mag., **ΜΝΑΣΙΘΕοΣ·** BMC.—, cf. BMC. 37/38. Münsterberg—. T.B. |
| 1513 | 2.51 | Æ 15 | *300-190.* Buste d'Artémis à d., stéphané dans les cheveux relevés, carquois sur l'épaule. ℞. **·ΝΙΔΙΩΝ·** Trépied; dans le champ à g., **·ΠΓ∘ΚΡΑΤΗΣ·** BMC. 48, var. Münsterberg, p. 52. T.B. |
| 1514 | 5.26 | Æ 20 | *190-167.* Tête d'Hélios rhodien presque de face. Grènetis. ℞. **·ΝΙΔΙ·** Protomé de lion à d., la gueule béante, une patte avancée; au-dessous, nom de mag., **ΧΑΡΙΣΤΙΔΑΣ**; dans le champ à g., bonnet de Dioscure surmonté d'une étoile. BMC. 74/77, var. Münsterberg—. T.B. |
| | | | **Halicarnasse.** |
| 1515 | 3.85 | Æ 18 | *Ier siècle.* Tête d'Hélios rhodien de face. Grènetis. ℞. **ΑΛΙΚΑΡ·** Buste d'Athéna à d. coiffé du casque à aigrette, drapé de l'égide. Devant, nom de mag., **ΔΡΑΚΩ··** BMC. p. 106, 43. T.B.<br>— Collection Sir H. Weber, Londres. — |
| | | | **Jasos.** |
| 1516 | 6.— | Æ 16 | *Fin du VIe siècle.* Ephèbe nu (Hermias?), chevauchant un dauphin à g., tenant un objet indistinct. ℞. Carré creux partagé en huit compartiments triangulaires, dont deux sont en relief. BMC. (Carie) p. LIX. Bab. pl. 18, 2. Extrêmement rare. T.B.<br>— Collection Sir H. Weber, Londres. —<br>— Attribution incertaine. Svoronos l'attribue à l'île de Syros; cf. Journ. intern. III, 59. — |
| | | | **Myndos.** |
| 1517 | 4.23 | Æ 18 | *IIe et Ier siècles.* Tête laurée de Zeus Sarapis à d. ℞. **ΜΥΝΔΙΩΝ·** Parure de tête d'Isis; à g., nom de mag., **ΘΕΟΔΩΡΟΣ**; au-dessous, une étoile. Grènetis. BMC. p. 134, 4 et 6, var. Superbe.<br>— Collection Sir H. Weber, Londres. — |
| | | | **Tabæ.** |
| 1518 | 2.72 | Æ 20 | *Après 81.* Tête nue et barbue d'Héraclès à d. Grènetis. ℞. **ΤΑΒΗΝΩΝ·** Statue de culte d'Aphrodite, ressemblant à Artémis Ephésia, debout de face. A d., **ΑΡΤΕΜΩΝ ΓΑΓΙΟΥ \| ΑΡ**; dans le champ, de part et d'autre de la déesse, une étoile et un croissant. BMC. 17, var. T.B.<br>— Catalogue Hirsch XXXII, n° 549. — |

| Nos | Poids | Métal et Module | |
|---|---|---|---|
| | | | **DYNASTES DE CARIE** |
| | | | **Mausole.** *377-353.* |
| 1519 | 14.89 | Æ 23,5 | Tête laurée d'Apollon, presque de face, inclinée un peu à d., les cheveux partagés au milieu du front et échevelés. ℞. ΜΑΥΣΣΩΛΛΟ· Zeus Stratios debout à d., barbu et lauré, vêtu d'un chiton talaire et d'un manteau rejeté sur le bras g. ; de la main d., il tient la bipenne (*labrys*) appuyée sur son épaule et de la main g. il s'appuie sur un long sceptre. Au-dessous du bras d., la lettre Μ· BMC. p. 181, 8, var. Bab. pl. 90, 5, var. Comp. 282. Très beau. |
| | | | **Hidriæus.** *351-344.* |
| 1520 | 14.75 | Æ 22 | Même tête d'Apollon ; la chlamyde agrafée sous le cou. ℞. ΙΔΡΙΕΩΣ· Zeus Stratios, comme ci-dessus. BMC. p. 183, 1. Bab. pl. 90, 8. Comp. 283. Très rare. T.B. — Collection Sir H. Weber, Londres. — |
| 1521 | 6.79 | Æ 19 | Même description ; mais aux pieds de Zeus Stratios, Σ· BMC. p. 183, 2. Bab. pl. 90, 9. T.B. |
| | | | **Pixodare.** *340-335.* |
| 1522 | 1.39 | Av 9 | Tête laurée d'Apollon à g., les cheveux retombant sur la nuque. ℞. ΠΙΞΩΔ· Zeus Stratios, comme ci-dessus. BMC. p. 184, 2, var. Bab. pl. 90, 16, var. Superbe. — Sur l'authenticité d'une pièce analogue, v. Head., BMC. Caria, p. 184. — |
| 1523 | 0.33 | Av 6 | Même type. ℞. Π-Ι· Labrys. BMC. p. 184, 4. Bab. pl. 90, 14. T.B. — Collection Consul Ed. F. Weber, Hambourg. Cat. Hirsch XXI, nº 3206. — |
| 1524 | 6.98 | Æ 19 | Tête laurée d'Apollon, presque de face, un peu inclinée à d. ; les cheveux partagés au milieu du front et flottants ; la chlamyde agrafée sous le menton. ℞. ΠΙΞΩΔΑΡΟΥ· Zeus Stratios, comme ci-dessus, BMC. p. 185, 5. Bab. pl. 90, 19. Superbe. |
| 1525 | 6.84 | Æ 20 | Un autre exemplaire semblable. T.B. |
| 1526 | 3.71 | Æ 16 | Même description. BMC. p. 185, 11. Bab. pl. 91, 2. T.B. |
| | | | **ILES DE CARIE** |
| | | | **Calymna.** |
| 1527 | 6.19 | Æ 20 | *300-190.* Tête imberbe d'un héros à d., coiffée d'un casque athénien à aigrette et à paragnathides baissées. ℞. ΚΑΛΥΜΝΙΟΝ· Lyre à sept cordes dans un carré en grènetis. BMC. p. 188, 3. Superbe. |
| 1528 | 3.07 | Æ 14 | Même tête. ℞. ΚΑΛΥ-ΜΝΙΟΝ· Lyre à six cordes. BMC. p. 189, 10. T. B. — Coll. Fenerly Bey. Vente à Vienne 1912, nº 577. — |

| Nos | Poids | Métal et Module | |
|---|---|---|---|
| | | | **Posidion de Carpathos.** |
| 1529 | 13.64 | AR $^{20}$ | *VI$^{e}$ siècle.* Deux dauphins, l'un au-dessous de l'autre, nageant en sens inverse, le dauphin supérieur à d. Au-dessous, un petit dauphin à g. Le tout dans un carré bordé d'un grènetis, dont les quatre angles sont ornés d'un fleuron rentrant. ℞. Carré creux partagé en deux rectangles par une large bande en relief. BMC. p. 192, 2. Bab. pl. 19, 10. Comp. 285. Superbe. — Collection P. Mathey, Paris, ci-devant doubles du Musée de Berlin, provenant de l'ancienne collection du comte Prokesch-Osten. — |
| | | | **Cos.** |
| 1530 | 1.43 | AR $^{12}$ | *VII$^{e}$ siècle.* Crabe. ℞. Carré creux à surface rugueuse. BMC. p. 193, 2. Bab. pl. 19, 3. Très rare. T.B. — Collection Sir H. Weber, Londres. — |
| 1531 | 16.67 | AR $^{24}$ | *479-410.* **ΚΟΣ·** Athlète discobole nu, de face, le buste cambré, le pied g. en arrière, tenant des deux mains, au-dessus de sa tête penchée de côté, le disque qu'il s'apprête à lancer; dans le champ à g., un trépied sur une base. Grènetis. ℞. Carré creux bordé de grènetis, partagé en quatre triangles par des diagonales qui se croisent; au centre, un crabe. BMC. p. 194, 8. Bab. pl. 148, 10. Comp. 286. Très rare. Très beau. — Cat. Hirsch XXXIV, n° 489. — |
| 1532 | 15.— | AR $^{24}$ | *366-300.* Tête barbue d'Héraclès à g., coiffée de la peau de lion. ℞. **ΚΩΙΟΝ·** Crabe; au-dessous, nom de mag., **·ΕΣΤΟΡΙΔΑΣ,** et une massue couchée. Carré creux bordé d'un grènetis. BMC.—, Bab.—, cf. BMC. 11. Bab. pl. 148, 17. Très rare. Très beau. — Collection Sir H. Weber, Londres. — |
| 1533 | 14.63 | AR $^{24}$ | Un autre exemplaire semblable, avec nom de mag., **ΑΡΙΣΤΙΩΝ·** BMC.—. Bab. II, p. 1039, n° 1750 (cet exemplaire). T.B. — Collection Sir H. Weber, Londres. — |
| 1534 | 14.10 | AR $^{25}$ | *300-190.* Tête imberbe d'Héraclès à d., coiffée de la peau de lion. ℞. **Κ-ΩΙΟ-Ν·** Crabe; au-dessous, nom de mag., **ΤΙΜΟΛΥΚΟΣ,** et arc dans le goryte. Carré creux bordé d'un grènetis. BMC. p. 197, 42. Comp. 287. Superbe. — Cat. Hirsch XVIII, n° 2481. — |
| 1535 | 14.86 | AR $^{26}$ | Autre exemplaire semblable, d'un style plus tardif. Nom de mag., **ΞΑΝΘΙΠΠΟΣ·** Carré en grènetis. BMC.—; type du BMC. 43. Très beau. — Collection Sir Hermann Weber, Londres. — |
| 1536 | 6.57 | AR $^{20}$ | Même tête. ℞. **ΚΩΙΟΝ·** Crabe; au-dessous, la massue couchée à d., et nom de mag., **ΚΛΕΙΝΟΣ·** Carré en grènetis. BMC. 51. T.B. |
| 1537 | 1.36 | AR $^{13}$ | Même description; nom de mag., **ΔΗΜΗΤΡΙΟC** (?). BMC. p. 200, 67. B. |
| 1538 | 6.58 | AR $^{21}$ | *190-166.* Tête imberbe d'Héraclès, presque de face, un peu inclinée à d., coiffée de la peau de lion. ℞. Même légende et même type, nom de mag., **ΜΙΚΩΝ·** Carré en grènetis. BMC. p. 200, 74. T.B. — Anciennes collections Sir H. Montagu II, n° 279, et F. S. Benson, Londres 1909, n° 715. — |
| 1539 | 2.03 | AR $^{15}$ | *166-88.* Tête laurée d'Asclépios à d. ℞. **ΚΩ·** Serpent se dressant; à d., **ΝΙΚΟΣΤΡ;** à g., **ΔΕΙΝΙΑΣ·** Carré creux; au-dessous, en dehors du carré, **Ε·** BMC. 136. T.B. |

| Nos | Poids | Métal et Module | |
|---|---|---|---|
| 1540 | 1.91 | AR 15 | Autre exemplaire semblable; légende, ΚΩΙ, noms de mag., ΤΙΜΟΞΕ-ΕΚΑΤΑ; hors du carré, Δ; une étoile derrière le serpent. BMC. 150. T.B. |
| | | | **Mégiste.** |
| 1541 | 3.26 | AR 14 | *333-304.* Tête de Hélios à g., les cheveux courts, posée sur un disque radié. R̸. Μ-Ε· Fleur de balaustion sur sa tige, avec deux boutons. BMC. p. 221, 1. Bab. pl. 148, 2. Très rare. T.B. — Collection Sir H. Weber, Londres. — |
| | | | **Camiros de Rhodes.** |
| 1542 | 0.50 | El. 7,5 | *VIe siècle.* Feuille de figuier à cinq lobes. R̸. Carré creux irrégulier. BMC. p. 223, 1. Bab. I, p. 465, n° 764 (cet exemplaire). Très rare. T.B. — Collection Sir H. Weber, Londres. — |
| 1543 | 12.28 | AR 22 | Feuille de figuier étalée, à cinq lobes, avec de petites pousses trifides entre les échancrures. R̸. Carré creux partagé par une large bande en deux rectangles dont la surface est sillonnée de lignes enchevêtrées. BMC. 5. Bab. pl. 20, 3. Superbe. |
| 1544 | 6.02 | AR 16 | Même droit. R̸. Carré creux irrégulier. BMC. p. 224, 9. Bab. pl. 20, 6. Très rare. T.B. — Collection Sir H. Weber, Londres. — |
| 1545 | 0.41 | AR 18 | Feuille de figuier à cinq lobes. R̸. Carré creux irrégulier. BMC. 10. Bab. pl. 20, 2. Beau. |
| | | | **Lindos de Rhodes.** |
| 1546 | 12.19 | AR 19 | *600-500.* Tête de lion à d., la gueule béante. R̸. Carré creux partagé en deux rectangles par une large bande. BMC. p. 228, 1. Bab. pl. 20, 16, var. T.B. |
| 1547 | 2.14 | AR 10 | *500-408.* Protomé de cheval bondissant à d. R̸. Tête de lion à g., la gueule béante. Carré creux et grènetis. BMC. p. 229, 6. Bab. II, p. 1011, n° 1688. Beau. — Collection Sir H. Weber, Londres. — |
| | | | **Rhodes.** |
| 1548 | 1.92 | AR 11,5 | *408-400.* Tête de Hélios presque de face, un peu à d., les cheveux au vent. R̸. Ρ-Ο· Rose sur la tige avec un bouton à g. A d., une massue debout. Carré creux. BMC. 3, var. Bab. pl. 147, 18, var. Superbe. |
| 1549 | 15.20 | AR 23 | *400-333.* Tête de Hélios presque de face, un peu tournée à d.; les cheveux au vent. R̸. ΡΟΔ-ΙΟΝ· Rose sur sa tige, avec un bouton de part et d'autre. A d., Φ et feuille de lierre; à g., Α (?). Carré creux. BMC., Bab.—, cf. BMC. p. 231, 11 sq. et Bab. pl. 147, 6 sq. Comp. 289. Très beau style. Très beau. — Coll. White-King, Londres, avril 1909, n° 242. — |

| Nos | Poids | Métal et Module | |
|---|---|---|---|
| 1550 | 6.83 | Æ 19,5 | Tête semblable. ℞. · ΟΔΙΟΝ · Rose sur sa tige, avec bouton à d. A g., E et une grappe de raisin. Carré creux. BMC. 27. Bab. pl. 147, 11. Très beau style. Très beau.<br>— Vente Earle, Philadelphie 1912. — |
| 1551 | 0.90 | Æ 10 | *333-304*. Tête de Hélios radiée à d. ℞. Ρ-Ο · Deux boutons de rose sur une tige; en haut, un symbole incertain. Grènetis. BMC. 63. B. |
| 1552 | 13.44 | Æ 23,5 | *304-166*. Tête radiée de Hélios de face, les cheveux partagés au milieu de la tête et flottants. ℞. ΡΟΔΙΟΝ · Rose sur sa tige avec bouton à d. Dans le champ à g., proue de navire à d.; au-dessous, ΑΜΕΙΝ-ΙΑΣ · Grènetis. BMC. 120. Très beau. |
| 1553 | 13.52 | Æ 24 | Même type. ℞. Semblable au précédent. Dans le champ à g., un aplustre; au-dessous, ΑΡΙΣΤΟ-ΚΡΙΤΟΣ · Grènetis. BMC. 122. Superbe. |
| 1554 | 6.72 | Æ 20 | Même tête. ℞. Ρ-Ο · Rose sur sa tige avec bouton à d. Dans le champ à g., petite statuette d'Athéna debout à g., tenant de la main d. un aplustre, et de la g. un support de trophée; en haut, ΜΝΑΣΙΜΑΧΟΣ · Grènetis. BMC. 143. Superbe. |
| 1555 | 6.34 | Æ 21 | Autre exemplaire semblable; dans le champ à g. du revers, statuette de Télesphore (?), mag., ΤΙΜΟΘΕοΣ · BMC. 150. T.B. |
| 1556 | 2.54 | Æ 15 | Tête de Hélios, presque de face, inclinée à d., les cheveux flottants. ℞. Ρ-Ο · Rose sur sa tige, bouton à d.; à g., un papillon grimpe sur la rose. Mag. hors du flan. BMC. 153 (?). T.B. |
| 1557 | 2.43 | Æ 14 | Tête semblable, un peu tonrnée à g. ℞. Semblable au précédent; dans le champ à g., arc dans le goryte et autre symbole indistinct. En haut, · · ΜΑΣΙΑΣ · BMC.—. Münsterberg p. 62. Très beau. |
| 1558 | 2.40 | Æ 17 | Autre exemplaire semblable, avec symbole, caducée et nom de mag., ΑΙΝΗΤΩΡ · BMC. 157. Superbe. |
| 1559 | 2.35 | Æ 16 | Autre exemplaire, avec nom de mag., ΓΟΡΓοΣ · BMC. 171. Petit fragment cassé et recollé. Superbe. |
| 1560 | 2.13 | Æ 14 | Même tête, inclinée à d. ℞. Semblable au précédent; dans le champ à g., foudre; en haut, ΣΩΠΟΛΙΣ · BMC. 184, var. Superbe. |
| 1561 | 2.92 | Æ 16 | *166-88*. Tête radiée de Hélios à d., les cheveux retombant sur la nuque. ℞. Ρ-Ο · Rose sur sa tige avec bouton à d. Dans le champ à g., grappe de raisin; en haut, ΑΕΤΙΩΝ · Carré creux. BMC. 240. T.B. |
| 1562 | 3.50 | Æ 15 | Un autre exemplaire semblable; symbole, une massue debout et mag., ΑΡΙΣΤοΒοΥΛοΣ · BMC. 250. Superbe. |
| 1563 | 3.04 | Æ 16 | Un autre exemplaire semblable. Symbole, vase (?) et mag., ΜΝΗΜΩΝ · BMC. 272, var. T.B. |
| 1564 | 4.13 | Æ 20 | *88-43*. Tête radiée de Hélios presque de face, un peu tournée à d., les cheveux flottants. ℞. Ρ-Ο · Rose épanouie de face; en haut, mag., ΚΡΙΤΟΚΛΗΣ; en bas, un épi de blé couché. Grènetis. BMC. 337. Comp. 290. Flan très large. De toute beauté.<br>— Vente de Munich 1909, n° 3131. — |

| Nos | Poids | Métal et Module | |
|---|---|---|---|
| | | | **LYDIE** |
| | | | **Crésus.** *561-546.* |
| 1565 | 8.09 | AV 16 | Protomés affrontées, de lion à d., la gueule béante, et de taureau à g.; les deux animaux allongent une patte de devant. ℞. Deux carrés creux juxtaposés. BMC. 32. Bab. pl. 10, 2. Comp. 293. Superbe.<br>— Ancienne coll. Consul Ed. F. Weber, Hambourg. Cat. Hirsch XXI, nº 3286. — |
| 1566 | 10.52 | AR 21 | Même description. BMC. 37 sq. Bab. pl. 10, 7. T. B.<br>— Collection Sir H. Weber, Londres. — |
| 1567 | 5.31 | AR 16 | Même description. BMC. 41 sq. Bab. pl. 10, 9. Comp. 294. Superbe.<br>— Vente Hazlitt, Londres 1909, nº 52. — |
| 1568 | 5.05 | AR 17 | Un autre exemplaire semblable, avec un carré creux particulier. Bab. pl. 10, 11. T. B. |
| 1569 | 1.74 | AR 10 | Protomés affrontées de lion et de taureau, comme ci-dessus. ℞. Carré creux rude. BMC., Bab., Head —. Inédite. De la plus grande rareté. Superbe.<br>— Cf. Babelon, Traité, vol. I, p. 238, 412 : On n'a pas encore signalé jusqu'ici d'exemplaire du sixième de statère ou diobole d'argent; le poids normal de cette division est 1 gr. 81. — |
| | | | **Tralles.** |
| 1570 | 12.62 | AR 24 | *Cistophore. 133-126.* Ciste mystique, avec couvercle mi-ouvert; un serpent s'en échappe. Couronne de lierre au pourtour. ℞. ΤΡΑΛ-ΓΤΟΛ· Arc dans le goryte entouré de deux serpents dressés. Dans le champ à d., Dionysos vêtu d'un chiton court, debout de face, s'appuyant sur son thyrse et tenant un masque de Silène. BMC. p. 332, 45. T. B. |
| | | | **PHRYGIE** |
| | | | **Cibyra.** |
| 1571 | 12.46 | AR 29 | *166-84* (?). Buste de jeune homme imberbe à d., coiffé d'un casque à aigrette. Grènetis. ℞. ΚΙΒΥΡΑΤΩΝ (en bas). Cavalier cuirassé et casqué au galop à d., tenant un bouclier de la main g. et la lance en arrêt de la main d. En haut, « piloi » des Dioscures et à g., ΣΙΑ · Au-dessus et au-dessous de la légende, Β \| ΜΟ· BMC. p. 131, 1. Comp. 295. Extrêmement rare. Très beau.<br>— Collection Sir H. Weber, Londres. — |
| 1572 | 12.54 | AR 29 | Autre exemplaire semblable. En haut, derrière le cavalier, une abeille. Sous le cheval, Α-ΚΕΔ \| Ο-ΔΙ· BMC. 4. Comp. 296. Extrêmement rare. Très beau.<br>— Collection Sir H. Weber, Londres. — |
| | | | **LYCIE** |
| 1573 | 9.17 | AR 19 | *520-480.* Protomé de sanglier à g., une patte avancée; sur le cou de l'animal, Ĥ · ℞. Carré creux à surface rugueuse. BMC. 4. Bab. I, p. 487, nº 785. Superbe.<br>— Vente Headlam, Londres 1916, nº 338. — |

| Nos | Poids | Métal et Module | |
|---|---|---|---|
| 1574 | 9.37 | AR 19 | Protomé de sanglier bondissant à g., les deux pattes pliées. ℞. Carré creux orné d'une sorte de coin en pyramide, sur les côtés de laquelle s'appuient quatre barres parallèles (comme des arêtes de poisson). BMC. p. 3, 14. Bab. pl. 21, 11. T.B. |
| 1575 | 9.49 | AR 20 | Protomé de sanglier bondissant à g., les deux pattes avancées et pliées. ℞. Carré creux orné de deux redans sur les côtés et, au centre d'un grand X· BMC. 10. Bab. pl. 21, 18, var. Superbe. |
| 1576 | 9.49 | AR 20 | *500-460.* Protomé de sanglier à d.; les deux pattes avancées et pliées. ℞. Triskèle. Carré creux limité par un carré de lignes. BMC. p. 6, 29. Bab. pl. 21, 20. Comp. 297. Très beau. |
| 1577 | 2.73 | AR 13 | Sanglier marchant à g. ℞. Triskèle. Carré creux bordé d'un grènetis. BMC. p. 7, 36. Bab. pl. 22, 5. Très beau. — Cat. Hirsch XXXII, n° 560. — |
| 1578 | 2.82 | AR 16 | Autre exemplaire semblable; le sanglier marchant à d. BMC. p. 7, 37. Bab. pl. 22, 2. T.B. |

## DYNASTES DE LYCIE

### Tethiveibis. *480-460.*

| Nos | Poids | Métal et Module | |
|---|---|---|---|
| 1579 | 8.52 | AR 19 | Protomé de sanglier bondissant à g.; les pattes avancées et repliées. ℞. T↑X-XEF-↑E-BE (*Téththivéibi*). Tétraskèle; carré creux et grènetis. BMC. p. 18, 85. Bab. pl. 98, 8. Très rare. Superbe. |
| 1580 | 9.82 | AR 19 | Tête d'Aphrodite à g., les cheveux retenus par des bandelettes et relevés en chignon; elle a un triple rang de frisures sur le front, des pendants d'oreilles et un collier. ℞. Pareil au précédent. BMC. p. 20, 90. Bab. pl. 98, 17. Comp. 298. T.B. |

### Vedris (?). *385-380.*

| Nos | Poids | Métal et Module | |
|---|---|---|---|
| 1581 | 9.82 | AR 24 | Mufle de lion de face, les bajoues écartées. ℞. F-↑-Δ (*Ved*). Triskèle, autour d'un anneau central. Cercle creux. BMC. p. 35, 152. Bab. pl. 103, 16. Comp. 299. Superbe. — Collection Sir H. Weber, Londres. — |

## VILLES DE LYCIE

### Cragus.

| Nos | Poids | Métal et Module | |
|---|---|---|---|
| 1582 | 2.03 | AR 16 | *168-81.* Tête diadémée d'Apollon à d., les cheveux retombant en mèches sur la nuque. Derrière, un arc. ℞. ΛΥΚΙΩΝ (en haut). K-P \| A-Γ· Lyre. Carré creux. BMC. p. 52, 12. T.B. |

### Masicytès.

| Nos | Poids | Métal et Module | |
|---|---|---|---|
| 1583 | 1.73 | AR 15 | *168-81.* Λ-Υ· Tête laurée d'Apollon à d. ℞. M-A· Lyre; en bas à g., bucrane. Carré creux. BMC. p. 63, 6, var. T.B. |

| Nos | Poids | Métal et Module | |
|---|---|---|---|
| 1584 | 0.85 | AR 12,5 | *81-27.* Tète d'Artémis à d., stéphanos dans les cheveux ramassés derrière en chignon, arc et carquois sur l'épaule. Grènetis. ℞. **Λ-Υ \| Μ-Α·** Carquois avec courroie. Carré creux. BMC. p. 65, 24. Beau. |

### Patara.

| Nos | Poids | Métal et Module | |
|---|---|---|---|
| 1585 | 2.57 | AR 18 | *168-81.* Tête laurée d'Apollon à d., les cheveux retombant en boucles sur la nuque. ℞. **ΛΥΚΙΩΝ \| Γ-Α·** Lyre. Carré creux. BMC. p. 75, 1. T.B. |

### Phaselis.

| Nos | Poids | Métal et Module | |
|---|---|---|---|
| 1586 | 3.74 | AR 11,5 | *Avant 466.* Proue de galère à d., ayant la forme d'une tête de sanglier. ℞. Carré creux très profond. BMC.—. Bab. (Incertaines d'Asie mineure) pl. 28, 6/7. Très beau. — Collection Sir H. Weber, Londres. — |
| 1587 | 5.60 | AR 19 | *190-168.* Proue de galère à d. Sur le pont, chouette debout à d. Grènetis. ℞. Athéna debout à d. coiffée du casque à aigrette, tenant le bouclier avec l'égide devant elle, et brandissant le foudre. Derrière, nom de mag., **ΚΛΕΩΝΥΜΟΥ** (sic!). BMC.—, cf. BMC. p. 81, 15 et Cat. Hunter II, p. 504. Très rare. T.B. |

### Tlos.

| Nos | Poids | Métal et Module | |
|---|---|---|---|
| 1588 | 2.81 | AR 16 | *168-81.* Tête laurée d'Apollon à d., les cheveux relevés, deux boucles retombant sur la nuque, arc et carquois sur l'épaule. ℞. **ΛΥΚΙΩΝ \| Τ-Λ·** Lyre; dans le champ à g., casque à aigrette à g. Carré creux. BMC. p. 88, 2. Très beau. — Collection Sir H. Weber, Londres. — |

## PAMPHYLIE

### Aspendos.

| Nos | Poids | Métal et Module | |
|---|---|---|---|
| 1589 | 5.34 | AR 17 | *500-400.* Cavalier drapé au galop à d., brandissant sa lance au-dessus de la tête. ℞. **ΕΣΤ** (à l'ex.). Sanglier bondissant à d. Grènetis. BMC. p. 94, 11. Bab. pl. 143, 14. Très beau. — Collection Sir H. Weber, Londres. — |
| 1590 | 10.73 | AR 22 | *400-300.* Deux lutteurs nus se tenant par les poignets; celui de d. avance le pied d. entre les pieds de son partenaire. Grènetis. ℞. **ΕΣΤΓΕΔΙΙΥΣ·** Frondeur vêtu d'une tunique courte, debout à d. Dans le champ à d., une triskèle à jambes humaines. Carré creux limité par un grènetis. BMC. 15, var. Bab. pl. 143, 16/17, var. Comp. 300. Très beau. |
| 1591 | 10.85 | AR 22 | Deux lutteurs nus, les cheveux bouclés; celui de g. a une natte retombant sur la nuque; celui de d. saisit son adversaire par la rotule du genou. Grènetis. ℞. Pareil au précédent. BMC. 16/17, var. Bab. pl. 143, 18. Superbe. |
| 1592 | 10.81 | AR 22 | Deux lutteurs nus, aux prises, se tenant par les poignets. Entre eux, **ΑΝ·** Grènetis. ℞. Pareil au précédent. BMC. 29. Bab. pl. 144, 2 et 3, no 1574. Superbe. |

| Nos | Poids | Métal et Module | |
|---|---|---|---|
| 1593 | 10.93 | Æ 20 | Un autre exemplaire semblable; **IO** entre les lutteurs. BMC. 43. Bab. II, p. 950, n° 1574. T. B. |
| 1594 | 10.67 | Æ 23 | Autre exemplaire semblable; entre les lutteurs, **KF**; au revers, au-dessous de la triskèle, **FK**· BMC. 44, var. Bab. II, p. 950, n° 1574, var. Très beau. |
| 1595 | 10.84 | Æ 24 | Autre exemplaire semblable. Pas de lettres entre les lutteurs; **Γ** entre les jambes du frondeur; contre-marque. BMC. 52/54. Bab. pl. 143, 22. Beau. |
| | | | **Perga.** |
| 1596 | 16.19 | Æ 29 | *Vers 190.* Tête laurée d'Artémis Pergæa à d., les cheveux relevés, quelques mèches s'échappant; carquois sur l'épaule. Grènetis. ℞. **ΑΡΤΕΜΙΔΟΣ-ΓΕΡΓΑΙΑΣ**· Artémis Pergæa, en chiton court et avec des chaussures hautes, debout à g., arc et carquois sur l'épaule, tenant une couronne et s'appuyant sur un long sceptre. A ses pieds, une biche levant la tête vers la déesse; au-dessus, **E**· Grènetis. BMC. p. 119, 1, var. Superbe. — Collection Sir H. Weber, Londres. — |
| 1597 | 16.77 | Æ 28 | Un autre exemplaire semblable. Dans le champ à d. du revers, un terme. BMC. 1, var. Comp. 301. Très beau. — Collection Sir H. Weber, Londres. — |
| 1598 | 3.89 | Æ 26 | Même description. Dans le champ à g. du revers, **A**· BMC. 2, var. Très rare. T. B. — Collection Sir Hermann Weber, Londres. — |
| | | | **Sidé.** |
| 1599 | 0.82 | Æ 10 | *500-400.* Tête de lion, la gueule béante, à d. Grènetis. ℞. Tête d'Athéna à d., coiffée du casque corinthien à aigrette; les cheveux retombant sur la nuque. Carré creux. BMC.—. Bab. pl. 142, 8. Très beau. |
| 1600 | 10.76 | Æ 22 | *400-300.* Athéna Parthénos nicéphore, debout à g., appuyant la main g. sur son bouclier orné de la tête de Gorgone; derrière le bouclier, la lance debout; devant la déesse, une grenade sur sa tige. Cercle linéaire. ℞. ··**ϞΣΣΥΩΗΝ**· Apollon Sidétès nu, la chlamyde sur le bras, debout à g. devant un autel, tenant une patère, et s'appuyant sur une longue tige d'olivier ayant encore de petites branches. Derrière, à ses pieds, un corbeau à g. Au-dessus de l'autel, **↑**· BMC. p. 146, 17, var. Bab. pl. 142, 19. Coup de cisaille. Très beau. — Cat. Hirsch XXXII, n° 564. — |
| 1601 | 16.97 | Æ 30 | *190-36.* Tête d'Athéna à d., coiffée du casque corinthien à aigrette, les cheveux retombant sur la nuque. Grènetis. ℞. Niké drapée, volant à g., tenant une couronne de la main d. Devant elle, une grenade sur sa tige et un foudre; dessous, **ΔΙ**· Grènetis. BMC. 32. Superbe. |
| 1602 | 15.85 | Æ 27 | Un autre exemplaire semblable, de style rude et avec nom de mag., **ΚΛΕ-ΥΧ**· BMC. 39. Superbe. |
| 1603 | 4.07 | Æ 17,5 | Même tête de joli style. ℞. Niké comme ci-dessus; dans le champ à g., une grenade. BMC. 52 sq., var. T. B. — Collection Sir H. Weber, Londres. — |

| Nos | Poids | Métal et Module | |
|---|---|---|---|
| | | | **PISIDIE** |
| | | | **Selgé.** |
| 1604 | 0.99 | Æ 11 | *400-300.* Tête de Gorgone de face. ℞. Tête casquée d'Athéna à d. Derrière, astragale. BMC. 11. Bab. (Aspendos) pl. 144, 7, var. T. B. — Collection Sir H. Weber, Londres. — |
| 1605 | 4.63 | Æ 19 | *Vers 190.* Tête barbue d'Héraclès à d., couronnée du styrax; derrière, la massue debout. Grènetis. ℞. **ΣΕΛΓΕΩΝ·** Artémis vêtue d'une tunique courte, portant des chaussures hautes et marchant à d., tenant des deux mains une longue torche; devant elle, **ΙΔ·** Grènetis. BMC. p. 260, 35. Très rare. T. B. — Collection Sir H. Weber, Londres. — |
| 1606 | 1.28 | Æ 11,5 | *IIe et Ier siècles.* Tête laurée d'Artémis à d., les cheveux relevés; carquois et arc sur l'épaule. Grènetis. ℞. Protomé de cerf à d., retournant la tête. Grènetis. BMC. (Calynda en Lycie) p. 48, 1. Imhoof-Blumer, Kleinasiat. Münz. II, p. 402, 7. Très rare. T. B. — Collection Sir H. Weber, Londres. — |
| | | | **CILICIE** |
| | | | **Célendéris.** |
| 1607 | 5.92 | Æ 15 | *VIe siècle.* Bouquetin à demi agenouillé à d. Grènetis. ℞. Carré creux quadripartit. BMC. p. 51, 4. Bab. pl. 25, 3. T. B. — Catalogue Hirsch XXXII, nº 566. — |
| 1608 | 0.68 | Æ 10 | *450-400.* Gorgoneion, tirant la langue. ℞. Protomé de Pégase bondissant à g. Carré creux et grènetis. BMC. 14. Bab. pl. 139, 24. T. B. — Collection Sir H. Weber, Londres. — |
| 1609 | 10.58 | Æ 22 | *400-350.* Ephèbe nu, assis de face sur son cheval galopant à d., tenant de la main d., ramenée en arrière, une baguette; au-dessous, **Τ·** Grènetis. ℞. **ΚΕΛΕΝ·** Bouquetin agenouillé à d., détournant la tête. Cercle creux. BMC. 22, var. Bab. pl. 140, 5, var., et nº 1475. Comp. 302. Très beau. — Coll. Consul Ed. F. Weber, Hambourg. Cat. Hirsch XXI, nº 3821. — |
| 1610 | 10.44 | Æ 22,5 | Même droit. ℞. **ΚΕΛΕ-Ν \| Δ-ΟΚΙΤΙΡΗ-Ν·** Bouquetin, comme ci-dessus. Carré creux bordé d'un grènetis. BMC. —. Bab. pl. 140, 8. Style et conservation superbes. — Collection Sir H. Weber, Londres. — |
| | | | **Mallos.** |
| 1611 | 2.44 | Æ 13 | *485-465. Epoque de Xerxès.* Femme ailée, vêtue d'un long chiton, courant à d. en détournant la tête et écartant les deux bras; sur la tête, deux longues plumes. ℞. Griffon debout à g., les ailes recroquevillées, la patte d. levée. Carré creux bordé d'un grènetis. BMC. —. Bab. pl. 25, 9. T.B. — Collection Sir H. Weber, Londres. — |

| Nos | Poids | Métal et Module | |
|---|---|---|---|
| 1612 | 11.49 | Æ 19 | *485-425.* Femme ailée vêtue d'un chiton talaire et courant à g. en détournant la tête; elle tient dans la main d. un caducée et de la g. une couronne. ℟. Bétyle conique muni de deux anses; il est accosté de deux colombes au pointillé. Carré creux. BMC. p. 96, 6. Bab. pl. 25, 15, var. T.B.<br>— Catalogue Hirsch XXXII, n° 567. — |
| 1613 | 11.44 | Æ 24 | Type semblable, de style plus récent. ℟. ∇-Γ, accostées de la pointe d'un bétyle conique sans anses, mais orné d'une arête perpendiculaire sur la face antérieure. Carré creux. BMC. 9. Bab. pl. 25, 17. T.B. |
| 1614 | 11.52 | Æ 21,5 | *425-385.* Personnage drapé imberbe, muni de deux ailes retombantes, courant à d., tenant des deux mains sur son ventre un disque orné d'une étoile; le sommet de la tête est orné d'une tresse en vrille. Grènetis. ℟. **MAP** · Cygne debout à g.; devant, un poisson, la tête en bas; dans le champ à d., la croix ansée ♀ · Champ concave. BMC. 13. Bab. pl. 137, 22. Comp. 303. Très rare. Superbe.<br>— Ancienne collection Duruflé. Paris 1908, n° 587. — |
| 1615 | 10.76 | Æ 23 | Tête barbue de Kronos à d., ceinte d'un diadème large et orné; les cheveux en mèches ondulées et rayonnantes; derrière, un poisson, tête en haut. Grènetis. ℟. **MAΛ** · (Μαλλωτῶν). Déméter drapée debout à d., tenant de la main d. une torche allumée et de la main g. baissée un bouquet d'épis. BMC. 20. Bab. pl. 138, 7. Très rare. T.B.<br>— Collection Sir H. Weber, Londres. — |
| 1616 | 10.43 | Æ 22,5 | *385-333.* Le roi de Perse drapé, barbu et coiffé de la cidaris s'avançant à d., tenant de la main g. son arc et de la d. sa javeline à hampe pommetée. Dans le champ à g., un grain d'orge. ℟. **MAΛ** · Héraclès nu imberbe, debout à d., étouffant dans ses bras le lion néméen; derrière lui, sa massue. Grènetis. BMC. 24. Bab. pl. 107, 10. Superbe.<br>— Collection Sir H. Weber, Londres. — |
| | | | **Nagidos.** |
| 1617 | 0.71 | Æ 11 | *400-380.* **N** · Tête d'Aphrodite à d., les cheveux dans une sphendone et noués au sommet de la tête. Grènetis. ℟. **N** · Tête barbue de Dionysos à d., les cheveux enroulés. Grènetis. BMC. p. 111, 10, var. Bab. pl. 141, 7. Très beau.<br>— Collection Sir H. Weber, Londres. — |
| 1618 | 10.55 | Æ 21,5 | *380-360.* Aphrodite drapée assise à g. tenant une patère de la main d. et s'accoudant du bras g. sur le dossier du trône; à sa g., Eros debout, les ailes abaissées, lui présente une couronne. Grènetis. ℟. **NAΓI-ΔEΩN** · Dionysos Pogon barbu, demi-nu, debout à g., tenant un cep de vigne avec une grappe et s'appuyant sur un long thyrse. BMC. 11. Bab. pl. 141, 12, var. (n° 1512). T.B.<br>— Coll. Fenerly Bey. Vente à Vienne 1912, n° 613. — |
| 1619 | 10.66 | Æ 22 | Autre exemplaire semblable. Devant Dionysos Pogon, à ses pieds, le monogr. N (= Νάγιδος). BMC. 11, var. Bab. pl. 141, 13. T.B. |
| 1620 | 9.80 | Æ 24 | *360-333.* Aphrodite drapée assise à g. comme ci-dessus, Eros volant à d. à sa rencontre en lui présentant une couronne. Grènetis. ℟. **NAΓIΔEΩN** · Type semblable au précédent. Dans le champ à g., un monogramme. BMC. 17 sq., var. Bab. pl. 142, 3. T. B. |

| Nos | Poids en grammes | Métal et Module | |
|---|---|---|---|
| | | | **Soli.** |
| 1621 | 9.82 | Æ 21 | *460-386*. Archer demi-nu agenouillé à g., coiffé de la tiare et tenant son arc des deux mains; dans son carquois suspendu au côté, il y a un autre arc. Derrière lui, un masque de face. ℞. ΣOΛEΩ·· Grappe de raisin sur son cep; dans le champ à d., une mouche. Carré creux bordé d'un grènetis. BMC. 3, var. Bab. pl. 106, 17. T. B.<br>— Cat. Hirsch XXXII, n° 568. — |
| 1622 | 0.85 | Æ 9 | Tête imberbe de l'archer à g., coiffé de la tiare conique munie de petits ailerons; il a des pendants d'oreilles. Grènetis. ℞. ΣO· Grappe de raisin sur son cep. Grènetis. BMC. 13. Bab. pl. 106, 26. T. B.<br>— Collection Sir H. Weber, Londres. — |
| 1623 | 11.65 | Æ 21 | *400-350*. Tête d'Athéna à d., coiffée du casque athénien orné d'un griffon. ℞. ΣO-Λ·· écrit au pourtour d'un carré creux, dans lequel est posée en diagonale une grappe de raisin avec une feuille et une vrille, qui dépassent aussi le carré creux. BMC. 14 sq., var. Bab. pl. 138, 17. Très beau.<br>— Collection Sir H. Weber, Londres. — |
| 1624 | 10.47 | Æ 24 | Tête semblable d'Athéna, de très joli style. Grènetis. ℞. ΣOΛE-ΩN· Grappe de raisin sur son cep avec une feuille à d. De part et d'autre de la grappe, PE-AI· BMC.—. Bab. pl. 139, 2. Comp. 304. Superbe. |
| 1625 | 9.99 | Æ 21 | *Vers 385*. Tête nue et barbue d'Héraclès à d., la peau de lion sur les épaules et nouée sous le cou. Grènetis. ℞. Sans légende. Tête d'un satrape (Tiribaze ?), à d., la barbe en pointe et lissée; il est coiffé de la tiare à fanons ceinte d'un cordon. BMC. 27. Bab. pl. 107, 1 sq., var. Comp. 304[a]. De toute beauté.<br>— Collection Sir H. Weber, Londres. — |
| | | | **SATRAPES DE CILICIE** |
| | | | **Datame.** *378-372.* |
| 1626 | 10.66 | Æ 24,5 | *Pièces frappées à Tarse.* Tête diadémée de la nymphe Aréthuse, presque de face, légèrement inclinée à g., les cheveux épars; des pendants d'oreilles, collier de perles au cou. Grènetis. ℞. [araméen] (= *de Datame*). Tête barbue de guerrier (Arès ?) à d., coiffé d'un casque à haut cimier, avec couvre-nuque et les paragnathides relevées, la chlamyde agrafée sous le cou. Grènetis. BMC. p. 167, 29, var. Bab. pl. 108, 18. De toute beauté.<br>— Vente Duruflé, Paris 1910, n° 594. — |
| 1627 | 9.62 | Æ 21,5 | Un deuxième exemplaire semblable. Très beau. |
| 1628 | 9.81 | Æ 22,5 | [araméen] (= *Baaltars*). Baaltars demi-nu, assis à d., tenant de la main d. le sceptre et de la main g. un bouquet formé d'un épi et d'une grappe de raisin. Sous le trône, une protomé de zébu à d.; à l'arrière-plan, thymiatérion. Cercle tourelé. ℞. [araméen] (= *de Datame*). Satrape barbu en costume d'apparat, coiffé de la tiare perse, assis à d., examinant une flèche qu'il tient des deux mains; devant lui, son arc; en haut à d., le disque d'Ormuzd ailé. Grènetis. BMC. 34. Bab. pl. 109, 6. Très beau.<br>— Coll. Maxime Collignon. Vente à Paris 1919, n° 367. — |

| Nos | Poids | Métal et Module | |
|---|---|---|---|
| 1629 | 9.39 | Æ 24 | Un deuxième exemplaire semblable. T. B. |
| 1630 | 10.31 | Æ 23 | Même légende et même type de Baaltars, mais avec tête de face et sans zébu sous le siège. ℞. 𐡃𐡕𐡌𐡍 (= *de Datame*) à côté d'un thymiatérion placé entre deux personnages (Datame et le dieu Ana) se faisant face et paraissant converser; celui de g. est nu, celui de d. drapé. Carré linéaire bordé sur trois côtés d'un grènetis. BMC. 35. Bab. pl. 109, 9. T. B. |
| 1631 | 10.19 | Æ 24 | Un deuxième exemplaire semblable. T. B. |
| | | | **Mazaïos.** *361-333.* |
| 1632 | 10.37 | Æ 22 | 𐡁𐡏𐡋𐡕𐡓𐡆 (= *Baaltars*). Baaltars assis sur un trône, comme ci-dessus, mais tourné à g. Grènetis. ℞. 𐡌𐡆𐡃𐡉 (= *Mazdaï*). Lion dévorant un cerf à demi agenouillé à d. Cercle au pourtour. BMC. 45. Bab. pl. 111, 20. Superbe. |
| 1633 | 10.69 | Æ 22 | *Gouverneur de la Transeuphratique et de la Cilicie. 351-334.* 𐡁𐡏𐡋𐡕𐡓𐡆 (= *Baaltars*). Type semblable de Baaltars, tenant de la main d. un bouquet composé d'un épi et d'une grappe de raisin et sur lequel est perché un aigle. Devant, 𐡓𐡓· Grènetis. ℞. 𐡌𐡆𐡃𐡉 (= *Mazdaï*, en pointillé). Lion dévorant un taureau terrassé à g.; dessous, 𐡌𐡉 (en pointillé). Cercle linéaire. BMC. 56 sq., var. Bab. pl. 112, 16. Superbe. |
| 1634 | 10.63 | Æ 25,5 | Même légende et type semblable de Baaltars, tenant un sceptre à tête de lotus devant lui. Dans le champ à g., un épi de blé. Grènetis. ℞. Sans légende. Deux murailles parallèles, représentant les Pyles de Cilicie, flanquées chacune de quatre tours carrées et surmontées de créneaux; au-dessus, un lion à g., dévorant un taureau terrassé à d. En haut, une massue et la lettre B· Grènetis. BMC. 65/66, var. Bab. pl. 113, 9. Superbe. |
| 1635 | 10.60 | Æ 22 | *334-331.* Buste drapé d'Athéna de trois quarts à g., coiffée d'un casque à triple aigrette et à crinière flottante; elle a des pendants d'oreilles et un collier de perles. Grènetis. ℞. Type de Baaltars assis à g., comme ci-dessus; dans le champ à g., un épi de blé; sous le siège, Σ (initiale de Soli). Grènetis. BMC. 70. Bab. pl. 113, 17, var. Très beau. |
| 1636 | 0.78 | Æ 10,5 | *Monnaies frappées en Syrie et à Babylone, avant 331.* Tête d'homme à d., avec une longue barbe et de longs cheveux, la tête ceinte d'un haut diadème plat et ayant des boucles d'oreilles. Grènetis. ℞. Protomé de Pégase bondissant à d. Cercle. BMC. 90. Bab. pl. 114, 8. Superbe. |
| 1637 | 10.64 | Æ 24 | 𐡁𐡏𐡋𐡕𐡓𐡆 (= Baaltars). Baaltars assis à g. sur un trône, comme ci-dessus, s'appuyant sur un long sceptre. Grènetis. ℞. 𐡌𐡆𐡃𐡉 (= *Mazdaï*). Lion passant à g. sur un sol rugueux. Cercle. BMC. 59 sq., var. Bab. pl. 114, 18, var. T.B. |
| | | | **Le monnayage des généraux d'Alexandre.** |
| 1638 | 16.47 | Æ 21 | *Seleucus. 321-316, puis 312-306.* Baaltars (Zeus Tersios) assis à g. sur un trône sans dossier, s'appuyant de la main g. sur son sceptre. Grènetis. ℞. Lion passant à g. Au-dessus, une ancre couchée. Grènetis. BMC.—. Bab. pl. 115, 13. Très beau. |

| Nos | Poids | Métal et Module | |
|---|---|---|---|
| 1639 | 0.50 | AR 8 | *Antigone* (?). *331 à 306*. Baaltars assis à g. (hors du flan). Grènetis. R. Lion passant à g. Grènetis. BMC.—. Bab. pl. 115, 22. B. |
| | | | **CHYPRE** |
| | | | **Amathonte.** |
| 1640 | 6.42 | AR 21 | *Zotimos, vers 385*. ΦϮSS (Ζω-τι-μω) à l'ex. Lion couché à d. et rugissant, les deux pattes de devant en avant; en haut, un aigle aux ailes éployées. R. ΦϮSS (Ζω-τι-μω). Protomé de lion, gueule béante à d., pattes en avant. BMC. p. 4, 12. Bab. pl. 132, 21. T.B. — Collection Sir H. Weber, Londres. — |
| 1641 | 2.24 | AR 15 | *Rhoïcos, vers 350*. Tête de lion à d., rugissant. Grènetis. R. ℞ ('Ρο). Protomé de lion à d., regardant de face et rugissant, les pattes avancées. Grènetis. Cercle creux. BMC. p. 6, 18. Bab. pl. 133, 9. Superbe. — Collection R. Allatini, Londres. — |
| | | | **Cition.** |
| 1642 | 10.68 | AR 19 | *Baalmelek II. 425-400*. Héraclès nu, coiffé de la peau de lion qui retombe sur son dos, marchant à d., tenant son arc de la main g. et brandissant de la d. sa massue. R. 𐤋𐤁𐤏𐤋𐤌𐤋𐤊 (= *de Baalmelek*). Lion dévorant un cerf abattu à d. Carré creux limité par un grènetis. BMC. p. 13, 29 sq. Bab. pl. 130, 26. Beau. |
| 1643 | 2.06 | AR 13 | Même description. BMC. p. 16, 43. Bab. pl. 131, 3. T.B. — Collection Sir H. Weber, Londres. — |
| | | | **Idalion.** |
| 1644 | 10.96 | AR 22 | *Gras ou Karas* (?), *vers 460*. ‡ϮV (= Βα. Κα-ρα, en partie hors du flan). Sphinx ailé, assis à g., posant la patte d. de devant sur une fleur de lotus renversée. Sous le ventre, un fleuron. Grènetis. R. Fleur de lotus posée sur deux vrilles symétriquement enroulées. Dans le champ à g., une feuille de lierre en creux; à d., un osselet en relief. Champ concave. BMC. p. 27, 10 sq. Bab. pl. 132, 5 et 6. Très rare. Beau. — Collection R. Allatini, Londres. — |
| 1645 | 3.64 | AR 17,5 | *Stasicypros, vers 460 à 450*. V (Σα). Sphinx ailé assis à g., posant la patte d. de devant sur une fleur de lotus renversée. R. Fleur de lotus comme ci-dessus. Dans le champ à g., une feuille de lierre; à d., un osselet. Champ concave. BMC. p. 28, 20 sq. Bab. pl. 132, 7. Très rare. Superbe. — Collection Sir H. Weber, Londres. — |
| | | | **Golgos.** |
| 1646 | 3.39 | AR 14,5 | *Commencement du Ve siècle*. ∧ (γο = Γολγίων?). Tête de lion, gueule béante, à g. Grènetis. R. Croix ansée très ornée, dans un carré creux, avec des fleurons aux angles et bordé d'un grènetis. BMC. (Chypre) pl. 25, 13. Bab. I, p. 618, n° 970 (cet exemplaire). Extrêmement rare. Très beau. — Collection Sir H. Weber, Londres. — |

| Nos | Poids | Métal et Module | |
|---|---|---|---|
| 1647 | 10.56 | AR 23 | *Vers 450.* ʌ (Fo). Lion marchant à d., guettant sa proie, la gueule béante, et allongeant les deux pattes de devant. Grènetis. ℞. Taureau marchant à g. Sous son ventre, le signe ʌ (Fo). Carré creux limité par un grènetis. BMC. (Chypre) pl. 25, 9. Bab. pl. 136, 8. Extrêmement rare. Beau. — Collection Sir H. Weber, Londres. — |

## Paphos.

| Nos | Poids | Métal et Module | |
|---|---|---|---|
| 1648 | 10.72 | AR 21 | *Pnytos* (?), *vers 460.* Taureau debout à g. ℞. Grande tête d'aigle à g.; au-dessus à g., un fleuron stylisé; au-dessous, une torsade allongée horizontalement. Carré creux limité par un grènetis. BMC. p. 37, 13. Bab. pl. 133, 21. Très rare. Beau. |
| 1649 | 0.71 | AR 10 | *Nicoclès* (?). *320-310.* Tête d'Aphrodite de face, ceinte d'une couronne de myrthe, des bandelettes nouées retombant sur l'épaule; collier de perles autour du cou. Grènetis. ℞. Aigle, les ailes closes, debout à g. sur une tête de cerf à g. Carré en grènetis. BMC., Bab.—, cf. BMC. (Chypre) p. LXXVII et pl. XXII, 7, et Bab. pl. 129, 16. Extrêmement rare. T. B. — Cette pièce paraît être inédite. — |

## Salamine.

| Nos | Poids | Métal et Module | |
|---|---|---|---|
| 1650 | 3.49 | AR 15 | *Evelthon. 560-525.* La légende en partie effacée. Bélier couché à g. ℞. Croix ansée dans un carré creux. BMC. p. 48, 13. Bab. pl. 26, 12. Beau. — Collection R. Allatini, Londres. — |
| 1651 | 0.75 | AV 8 | *Evagoras I. 411-374.* Tête barbue d'Héraclès à d., coiffée de la peau de lion. ℞. Protomé de bouquetin agenouillé à d. Cercle linéaire. BMC. p. 56, 52. Bab. pl. 127, 23. T. B. |
| 1652 | 3.43 | AR 11 | ϘΛ⩕Ƴ✱ (E-ὐ-Fα-γό-ρω, rétrograde). Héraclès imberbe, nu, assis à g. sur la peau de lion étendue sur un rocher; de la main d., il s'appuie sur sa massue, et de la main g. il tient une corne de taureau. Grènetis. ℞. ⊢ᵚ≚8≙≠ (Bα-σι-λέ-ω-ς). Bouquetin couché à d. Devant, la lettre Δ. Cercle linéaire. BMC. p. 57, 57. Bab. pl. 127, 29. T. B. — Collection Sir H. Weber, Londres. — |
| 1653 | 0.62 | AV 9 | *Evagoras II. 361-351.* **BA**· Tête d'Aphrodite à g., ceinte d'une couronne murale, les cheveux retombant sur la nuque. Elle a des pendants d'oreilles et un collier de perles. Cercle linéaire. ℞. **EYA** (?) Tête d'Athéna à g., coiffée d'un casque corinthien lauré; les cheveux retombant sur la nuque. BMC. p. 59, 64, var. Bab. pl. 128, 7, var. T. B. — Collection Sir H. Weber, Londres. — |
| 1654 | 6.99 | AR 18,5 | *Pnytagoras. 351-332.* **BA** (hors du flan). Tête d'Artémis à g., l'arc et le carquois sur le dos; ses cheveux sont relevés et noués en chignon; pendants d'oreilles et collier de perles. ℞. **ΠN**· Tête d'Aphrodite à g., ceinte de myrte, les cheveux retombant sur la nuque; elle a des pendants d'oreilles et un collier de perles. BMC. p. 63, 77. Bab. 128, 28. Très beau. |

| Nos | Poids | Métal et Module | |
|---|---|---|---|
| 1655 | 2.34 | Æ 14 | BA (hors du flan). Tête d'Artémis à d., les cheveux relevés; elle a des pendants d'oreilles et un collier. ℞. ΓΝ (hors du flan). Tête diadémée d'Aphrodite à g., comme auparavant. BMC. p. 63, 79. Bab. pl. 128, 29. Superbe. |
| | | | **GALATIE** |
| | | | **Amyntas**. *36-25*. |
| 1656 | 15.74 | Æ 30 | Tête d'Athéna à d., coiffée du casque corinthien à aigrette. Derrière, ΑΔ· ℞. ΒΑΣΙ-ΛΕΩΣ \| ΑΜΥΝ-ΤΟΥ· Niké drapée marchant à g., tenant de la main g. un sceptre orné d'un diadème en nœud et de la main g. la marge de son *peplos*. BMC. p. 2, 3. Superbe. — Collection F. S. Benson. Vente à Londres 1909, n° 752. — |
| | | | **ROIS DE CAPPADOCE** |
| | | | **Ariarathe I**. *332-322*. |
| 1657 | 5.33 | Æ 19 | ЧΊΗΛVЧ (= *Baal Gazour*). Le Baal de Gazioura, le torse nu, assis à g. sur un trône sans dossier, regardant de face; il s'appuie de la main g. sur le sceptre et tient de la main d. un cep de vigne; un aigle est perché à d. sur son poignet. Grènetis. ℞. ΡЧΊΛЧ✝ (= *Ariourat*). Griffon dévorant un cerf agenouillé à g. Cercle linéaire. BMC. p. 29, 1. Bab. pl. 111, 9. Frappé à Gazioura. Superbe. — Collection Sir H. Weber, Londres. — |
| | | | **Ariarathe V**. *163-130*. |
| 1658 | 16.03 | Æ 29 | Tête imberbe diadémée du roi à d., les cheveux bouclés flottant. ℞. ΒΑΣΙΛΕΩΣ \| ΑΡΙΑΡΑΘΟΥΣ-ΕΥΣΕΒΟΥΣ \| ΦΙΛΟΠΑΤΟΡΟ· Athéna drapée et casquée, debout à g., tenant une petite Niké stéphanophore sur le bras d. et la lance de la main g. A ses pieds le bouclier. A l'ex., Ͼ (= l'an 3). BMC. p. 33, 1, var. Comp. 305. Très beau. — Collection G. Philipsen, Copenhague. Cat. Hirsch XXV, n° 2841. — |
| | | | **Ariarathe IX**, *fils de Mithradate le Grand*. *99-87*. |
| 1659 | 16.33 | Æ 33 | Tête imberbe et diadémée du roi à d., les cheveux bouclés flottant au vent. ℞. ΒΑΣΙΛΕΩΣ \| ΑΡΙΑΡΑΘΟΥ \| ΕΥΣΕΒΟΥΣ \| ΦΙΛΟΠΑΤΟΡΟΣ · Pégase paissant à g. Devant lui, étoile et croissant. Derrière, ΜΙ, Couronne de feuilles de vigne au pourtour. BMC. p. 38, 1. Comp. 306. Très rare. Superbe. — Coll. Cons. Ed. F. Weber, Hambourg. Cat. Hirsch XXI, n° 3984. — |
| 1660 | 3.97 | Æ 17.5 | Même tête. ℞. ΒΑΣΙΛΕΩΣ \| ΑΡΙΑΡΑΘΟΥ \| ΕΥΣΕΒΟΥ·· Dans le champ à g., ΚΑΙ; à l'ex. Ε (= l'an 5). Athéna nicéphore, drapée et casquée debout à g., tenant la lance; à ses pieds, le bouclier. BMC. 4. T.B. — Vente Billoin, Paris 1886, n° 768. — |

| Nos | Poids | Métal et Module | |
|---|---|---|---|
| | | | **Ariobarzane I.** *95-62.* |
| 1661 | 4.10 | Æ 18 | Tête imberbe et diadémée du roi à d. ℞. ΒΑΣΙΛΕΩΣ \| ΑΡΙ∘ΒΑΡΖΑΝ∘Υ \| ΦΙΛ∘ΡΩΜΑΙ∘Υ· Même type d'Athéna. Dans le champ à g., Θ \| Μ; à d., Ε; à l'ex., Γ (= *l'an 3*). BMC. p. 39, 1. T.B. |
| | | | **Archélaüs.** *36 av. - 17 apr. J.-C.* |
| 1662 | 3.85 | Æ 21 | Tête juvénile diadémée du roi à d. ℞. ΒΑΣΙΛΕΩΣ ΑΡΧΕΛΑΟΥ ΦΙΛΟΠΑΤΡΙΔΟΣ ΤΟΥ ΚΤΙΣΤΟΥ, autour d'une massue debout entre Κ-Β (= *l'an 22*). BMC. p. 44, 2. Superbe. — Collection R. Allatini, Londres. — |
| 1663 | 3.39 | Æ 18 | Autre exemplaire semblable; la tête entourée d'un cercle en bandelette nouée. La massue entre les lettres, Μ-Β (= *l'an 42*). BMC. p. 44, 4. Très beau. |
| | | | ROIS DE SYRIE |
| | | | (B. = Babelon, Ernest. Les Rois de Syrie. Paris 1890.) |
| | | | **Séleucus I Nicator.** *306-281 (ère des Sél. 6-31).* |
| 1664 | 17.10 | Æ 28 | Tête imberbe d'Héraclès à d., coiffée de la peau de lion. Grènetis. ℞. ΒΑΣΙΛΕΩΣ-ΣΕΛΕΥΚοΥ· Zeus aëtophore, le torse nu, assis à g. sur un trône, s'appuyant de la main d. sur son sceptre. Sous le siège, Κ; dans le champ à g., ΜΡ· BMC. 7, var. B. p. 6, 31. Superbe. — Vente Earle, Philadelphie 1912. — |
| 1665 | 16.79 | Æ 26 | Un deuxième exemplaire. T.B. |
| 1666 | 16.76 | Æ 27,5 | Tête laurée de Zeus à d., les cheveux retombant sur la nuque. Grènetis. ℞. ΒΑΣΙΛΕΩΣ-ΣΕΛΕΥΚΟΥ· Athéna Promachos debout dans un char traîné par quatre éléphants. En haut, ancre couchée et ΑΘ· BMC. p. 3, 26. B. p. 10, 64, var. T.B. |
| 1667 | 13.20 | Æ 26 | Tête du roi à d., coiffée d'un casque à paragnathides baissées, orné de cornes et d'oreilles de taureau et recouvert en peau de panthère; il porte une peau de panthère nouée autour du cou. Grènetis. ℞. ΒΑΣΙΛΕΩΣ-ΣΕΛΕΥΚοΥ· Niké drapée debout à d., couronnant un trophée; à ses pieds, un bouclier béotien. Grènetis. BMC.—, cf. BMC. p. 36 sq. B. p. 7, 42, var. Comp. 307. Fourré (?). Très rare. Très beau. |
| | | | **Antiochus I Soter.** *281-261 (ère des Sél. 31-51).* |
| 1668 | 17.01 | Æ 30 | Tête diadémée du roi à d. Grènetis. ℞. ΒΑΣΙΛΕΩΣ-ΑΝΤΙΟΧΟΥ· Apollon nu, la tête laurée, assis à g. sur l'omphalos recouvert du filet, tenant de la main d. avancée une flèche et s'appuyant sur son arc. Dans le champ à g., Α; à d., ΗΡ· Grènetis. BMC. p. 9, 6. B. p. 18, 118, var. Superbe. — Coll. Sevastopoulos, Athènes. — |
| 1669 | 17.02 | Æ 28 | Autre exemplaire semblable; le roi est plus âgé. Apollon tient deux flèches. Dans le champ à g., monogr., ΡΑ· BMC. 6, var. B. p. 19, 128, var. et p. 20, 135. Superbe. — Coll. Sir Edw. Bunbury. Vente à Londres 1896, n° 442. — |

| Nos | Poids | Métal et Module | |
|---|---|---|---|
| 1670 | 17.17 | Æ 30 | Autre exemplaire semblable, d'un dessin plus plat. Apollon tient une flèche. ℞. Dans le champ à g., [monogramme]; à d., [monogramme]· BMC. 16. B. p. 17, 114. Superbe.<br>— Coll. H. O. O'Hagan. Vente à Londres 1908, nº 643. — |
| 1671 | 17.18 | Æ 27 | Autre exemplaire semblable. A l'ex. du revers, [monogramme] - [monogramme]· BMC. 19, var. B. p. 17, 113 sq., var. Superbe.<br>— Collection Sir H. Weber, Londres. — |
| | | | **Antiochus II Théos.** *261-246 (ère des Sél. 51-66).* |
| 1672 | 17.08 | Æ 30 | Tête diadémée du roi à d., avec de petites ailes aux tempes. ℞. ΒΑΣΙΛΕΩΣ-ΑΝΤΙΟΧΟΥ· Même type d'Apollon assis sur l'omphalos, avec ses attributs ordinaires. A l'ex., [monogramme]-[monogramme] et cheval paissant à g. BMC. p. 14, 7, var. B. p. 29, 211, var. Superbe. |
| | | | **Séleucus II Callinicus.** *246-226 (ère des Sél. 66-86).* |
| 1673 | 16.38 | Æ 24 | Tête imberbe et diadémée du roi à d. ℞. ΒΑΣΙΛΕΩΣ-ΣΕΛΕΥΚoΥ· Apollon nu debout à g., tenant une flèche de la main d. et s'appuyant du bras g. sur un trépied derrière lui. Devant lui, [monogramme] \| [monogramme]· BMC. p. 16, 1 sq., var. Bab. p. 33, 248 sq., var. Superbe.<br>— Cat. Hirsch XXXIV, nº 502. — |
| | | | **Antiochus Hiérax,** *mort en 227 (ère des Sél. 85).* |
| 1674 | 16.95 | Æ 27 | Tête diadémée du roi à d. Grènetis. ℞. ΒΑΣΙΛΕΩΣ-ΑΝΤΙΟΧΟΥ· Apollon nu, assis à g. sur l'omphalos, tenant la flèche et s'appuyant sur son arc. Dans le champ à g., une branche de laurier; à l'ex., [monogramme]· BMC., B.—, cf. BMC. p. 20, 4, var., et B. p. 39, 287. Superbe. |
| | | | **Antiochus III le Grand.** *222-187 (ère des Sél. 90-126).* |
| 1675 | 8.41 | AV 18 | Tête imberbe et diadémée du roi à d. ℞. ΒΑΣΙΛΕΩΣ-ΑΝΤΙ∘Χ∘Υ· Apollon nu, la chlamyde sur la jambe d., assis à g. sur l'omphalos recouvert du filet, tenant une flèche de la main d. et appuyant la main g. sur son arc. Devant lui à ses pieds, une lyre; dans le champ à g., en haut, une étoile; au-dessous, [monogramme] · BMC. p. 25, 1 sq., var. B. p. 48, 355. Comp. 308. Très rare. Superbe. |
| 1676 | 17.26 | Æ 30 | Tête semblable du roi. Grènetis. ℞. ΒΑΣΙΛΕΩΣ-ΑΝΤΙ∘Χ∘Υ· Apollon nu assis à g., comme ci-dessus. Dans le champ à g. en haut, un thyrse; à l'ex., [monogramme]-Ν· BMC. p. 25, 4 sq. B. p. 47, 352, var. Superbe. |
| 1677 | 16.70 | Æ 30 | Tête semblable. Cercle en bandelettes nouées. ℞. Même légende et même type. BMC. p. 26, 25. B. p. 46, 342. Très beau. |

| Nos | Poids | Métal et Module | |
|---|---|---|---|
| | | | **Séleucus IV Philopator.** *187-175 (ère des Sél. 126-128).* |
| 1678 | 17.12 | AR 33 | Tête diadémée du roi à d. Bandelette de laine nouée au pourtour. ℞. ΒΑΣΙΛΕΩΣ-ΣΕΛΕΥΚοΥ· Apollon nu, assis à g. sur l'omphale recouvert du filet, tenant de la main d. une flèche et appuyant la main g. sur son arc. Dans le champ à g., une palme et une couronne. A l'ex., [monogr.]· BMC. p. 31, 12. B. p. 61, 462. Flan très large. Superbe. |
| 1679 | 17.10 | AR 27 | Un deuxième exemplaire d'un style différent. Superbe. — Vente Earle, Philadelphie 1912. — |
| | | | **Antiochus IV Epiphane.** *175-164 (ère des Sél. 138-149).* |
| 1680 | 16.96 | AR 24 | Tête diadémée du roi à d. Au pourtour, bandelette de laine nouée. ℞. ΒΑΣΙΛΕΩΣ-ΑΝΤΙοΧοΥ· Apollon nu, assis à g. sur l'omphale, tenant une flèche de la main d. et s'appuyant de la g. sur son arc. Dans le champ à g., une chouette debout à g. et [monogr.]; à d., ΣΑ (?). BMC.—. B. p. 67, 517, var. Très beau. |
| 1681 | 16.60 | AR 30 | Droit semblable. ℞. ΒΑΣΙΛΕΩΣ \| ΑΝΤΙοΧοΥ-ΘΕοΥ \| ΕΠΙΦΑΝοΥΣ-ΝΙΚΗΦοΡοΥ· Zeus demi-nu, assis à g., tenant sur la main d. une petite Niké qui couronne la légende et s'appuyant de la main g. sur son sceptre. Dans le champ à g., [monogr.]· BMC. p. 35, 16, var. B. p. 73, 539. Superbe. |
| 1682 | 16.50 | AR 30 | Un autre exemplaire semblable. Dans le champ à g., [monogr.]· BMC. p. 35, 17. B. p. 70, 535 sq., var. Superbe. |
| 1683 | 16.73 | AR 33 | Tête barbue et laurée de Zeus à d., d'un très haut relief, ayant les traits d'Antiochus IV. Bandelette de laine nouée au pourtour. ℞. Même légende et même type, mais Niké couronnant le dieu. Pas de symbole dans le champ. BMC.—, cf. BMC. p. 36, 22. B. p. 71, 544. Comp. 309. Style superbe et flan très large. De la plus grande rareté et d'une conservation tout à fait extraordinaire. |
| | | | **Antiochus V Eupator.** *164-162 (ère des Sél. 149-151).* |
| 1684 | 16.70 | AR 28 | Tête juvénile du roi diadémée à d. ℞. ΒΑΣΙΛΕΩΣ-ΑΝΤΙοΧοΥ-ΕΥΠΑΤοΡοΣ· Zeus, demi-nu, assis à g., portant sur la main d. une petite Niké qui couronne la légende et s'appuyant de la main g. sur son sceptre. Dans le champ à g., [monogr.]· BMC. p. 44, 3. B. p. 88, 695 sq., var. Superbe. — Coll. H. Montagu. Vente à Londres 1897, nº 345. — |
| | | | **Démétrius I Soter.** *162-150 (ère des Sél. 154-162).* |
| 1685 | 16.60 | AR 33,5 | Tête diadémée du roi à d. Couronne de laurier au pourtour. ℞. ΒΑΣΙΛΕΩΣ-ΔΗΜΗΤΡΙοΥ \| ΣΩΤΗΡΟΣ· Tyché drapée assise à g. sur un trône orné d'une Néréide ailée, tenant de la main d. un sceptre court et de la g. une corne d'abondance. Dans le champ à g., monogr. indistinct; à l'ex., ΗΝΡ (= l'an 158). BMC. p. 45, 6 ou 13. B. p. 94, 741 sq. Superbe. |

| Nos | Poids | Métal et Module | |
|---|---|---|---|
| 1686 | 16.49 | Æ 32,5 | Autre exemplaire semblable. Dans le champ à g., [monogramme] \| ΗΡ (*Héraclée*); à l'ex., ΑΞΡ (= *l'an 161*). BMC. p. 46, 17. B. p. 96, 755. Superbe. — Coll. Ashburnham et H. O. O'Hagan. Vente à Londres 1908, n° 666. — |
| 1687 | 16.74 | Æ 32 | Autre exemplaire semblable, sans date; à l'ex., ΗΡ (*atelier d'Héraclée*). BMC. p. 46, 24. B. p. 93, 734 sq. Superbe. |
| 1688 | 16.70 | Æ 31 | Autre exemplaire semblable; dans le champ à g., [monogramme]. BMC. p. 47, 32. B. p. 90, 706 sq. Superbe. — Vente Cumberland Clark, Londres 1914. — |
| 1689 | 16.47 | Æ 30 | Autre exemplaire semblable. A l'ex., m (*atelier de Ptolémaïs*). BMC. p. 47, 34. B. p. 91, 709. Superbe. |
| | | | **Alexandre I Bala**. *150-145* (*ère des Sél. 162-167*). |
| 1690 | 14.26 | Æ 26 | Buste du roi diadémé à d. Grènetis. ℞. ΒΑΣΙΛΕΩΣ-ΑΛΕΞΑΝΔΡΟΥ. Aigle debout à g. sur un éperon de navire; une palme posée contre l'aile d. Devant, une massue debout surmontée de [monogramme]; dans le champ à d., ΓΞΡ (= *l'an 163*) et ΗΡ· Grènetis. BMC. p. 51, 1. B. p. 113, 889. Superbe. |
| 1691 | 16.72 | Æ 28 | Tête diadémée du roi à d.; au pourtour, bandelette de laine nouée. ℞. ΒΑΣΙΛΕΩ· \| ΑΛΕΞΑΝΔΡοΥ-ΘΕΟΠΑΤοΡοΣ \| ΕΥΕΡΓΕΤΟΥ· Zeus lauré, nicéphore, à demi nu, assis à g., s'appuyant de la main g. sur son sceptre. A l'ex., ΗΡ· (atelier d'Héraclée). BMC. p. 52, 14, var. B. p. 102, 795 sq., var. Très beau. |
| | | | **Démétrius II Nicator**. |
| | | | *Premier règne. 146-138* (*ère des Sél. 166-175*). |
| 1692 | 6.85 | Æ 22 | Buste du roi enfant, diadémé à d. Grènetis. ℞. ΒΑΣΙΛΕΩΣ-ΔΗΜΗΤΡΙΟΥ· Aigle debout à g. sur un éperon de navire; une palme posée contre l'aile d. Dans le champ à g., une massue debout, surmontée de [monogramme]; à d., ΟΡ (= *an 170*) et [monogramme]. Grènetis. BMC.—. B. p. 126, 972. Rare. Très beau. |
| 1693 | 4.12 | Æ 17,5 | Tête semblable. Grènetis. ℞. ΒΑΣΙΛΕΩΣ \| ΔΗΜΗΤΡΙοΥ-·ΕΟΥ \| ···ΑΔΕΛΦοΥ \| ··ΑΓοΡοΣ· Apollon nu, assis à g. sur l'omphalos, tenant une flèche et s'appuyant sur son arc. Dans le champ, [monogramme] \| [monogramme]; à l'ex., ΗΞΡ (= *an 168*). BMC. p. 59, 12. B. p. 123, 953, var. Superbe. |
| | | | **Antiochus VI Dionysos**. *145-142* (*ère des Sél. 167-170*). |
| 1694 | 16.58 | Æ 33 | Tête du roi imberbe, juvénile, diadémée et radiée à d. Bandelette de laine nouée au pourtour. ℞. ·ΑΣΙΛΕΩΣ \| ΑΝΤΙΟΧΟΥ-ΕΠΙΦΑΝΟΥΣ \| ΔΙΟΝΥΣΟΥ· Les Dioscures, la lance en arrêt, galopant à g. Dans le champ à d., ΤΡΥ \| Φ \| ΣΤΑ; sous les chevaux, ΘΞΡ (= *an 169*). Au pourtour, une couronne de lotus, de lierre et d'épis. BMC. p. 63, 2. B. p. 129, 989. Très beau. |

| Nos | Poids | Métal et Module | |
|---|---|---|---|
| 1695 | 4.18 | Æ 18 | Même tête. Grènetis. ℞. Même légende. Apollon nu, assis à g. sur l'omphalos, tenant une flèche et s'appuyant sur son arc. Entre ses pieds, ΙΑΡ; à l'ex., ΟΡ (= *an 170*) et ΣΤΑ· BMC. p. 64, 11, var. B. p. 130, 1001. Superbe. |
| | | | **Tryphon.** *142-139 (ère des Sél. 170-174).* |
| 1696 | 4.06 | Æ 17 | Tête imberbe et diadémée du roi à d. ℞. ΒΑΣΙΛΕΩΣ - ΤΡΥΦΩΝΟΣ \| ΑΥΤΟΚΡΑΤΟΡ ·· Casque macédonien, à paragnathides, à g., surmonté d'une longue pointe fleuronnée et orné, sur le devant, d'une grande corne d'ægagre. Dans le champ à g., ΓΡ· BMC. p. 68, 3. B. p. 135, 1045, var. Très beau. |
| | | | **Antiochus VII Evergète.** *138-129 (ère des Sél. 174-183).* |
| 1697 | 14.26 | Æ 27 | Tête imberbe diadémée du roi à d. ℞. ΒΑΣΙΛΕΩΣ \| ΑΝΤΙΟΧΟΥ-ΕΥΕΡΓΕΤΟΥ· Athéna Parthénos nicéphore, casquée et drapée debout à g., tenant la lance et s'appuyant sur son bouclier. Dans le champ à g., Φ \| Α· Couronne de laurier au pourtour. BMC. p. 71, 19. B. p. 148, 1148. Très beau. |
| 1698 | 16.76 | Æ 32,5 | Tête semblable. Bandelette de laine nouée au pourtour. ℞. Semblable au précédent, mais dans le champ à g., Φ \| Κ· BMC. 28 sq., var. B. 1148, var. T.B. |
| | | | **Démétrius II Nicator.** |
| | | | *Deuxième règne. 130-125 (ère des Sél. 182-187).* |
| 1699 | 16.60 | Æ 28 | Tête barbue et diadémée du roi à d. Au pourtour, bandelette de laine nouée. ℞. ··ΣΙΛΕΩΣ \| ·ΗΜΗΤΡΙΟΥ-ΘΕΟΥ \| ΝΙΚΑΤΟΡΟΣ· Zeus nicéphore, à demi nu, assis à g., s'appuyant de la main g. sur son sceptre. Dans le champ à g., ΜΙ; sous le siège, ΠΡ; à l'ex., ΣΠΡ (= *an 186*). BMC. p. 77, 15, var. B. p. 157, 1210. T.B. |
| 1700 | 16.33 | Æ 30 | Autre exemplaire semblable, de meilleur style. A l'ex. du revers, Μ - Μ· BMC. 17, var. B. p. 158, 1219. Superbe. — Vente Headlam, Londres 1916, nº 446. — |
| 1701 | 16.52 | Æ 30,5 | Autre exemplaire semblable. Dans le champ à g. du revers, un monogr. indistinct. BMC. 12 sq. B. 1213 sq. T.B. |
| | | | **Alexandre II Zébina.** *128-123 (ère des Sél. 184-190).* |
| 1702 | 16.24 | Æ 28 | Tête diadémée du roi à d. ℞. ΒΑΣΙΛΕΩΣ-ΑΛΕΞΑΝΔΡΟΥ· Zeus nicéphore, à demi nu, assis à g., s'appuyant sur son sceptre. Dans le champ à g., ΡΡ; sous le siège, Μ· BMC. p. 81, 4, var. B. p. 165, 1283, var. T.B. — Vente Cumberland Clark, Londres 1914. — |
| 1703 | 16.03 | Æ 29 | Même tête; au pourtour, bandelette de laine nouée. ℞. Semblable au précédent; dans le champ à g., ΑΡ; sous le trône, Δ· BMC. 2/4, var. B. 1283, var. T.B. |

| Nos | Poids | Métal et Module | |
|---|---|---|---|
| 1704 | 12.36 | Æ 27 | Même tête. ꝶ. Semblable au précédent. Dans le champ à g., ΙΡ; sous le siège, Δ surmonté d'une étoile. BMC. 2/4, var. B. p. 165, 1280, var. Très beau. |

## Cléopâtre Théa et Antiochus VIII Grypus. *125-121.*

(*Ere des Sél. 187-192*).

| Nos | Poids | Métal et Module | |
|---|---|---|---|
| 1705 | 13.31 | Æ 29 | Têtes accolées de Cléopâtre diadémée et voilée et de son fils diadémé à d., de très joli style. Grènetis. ꝶ. ΒΑΣΙΛΙΣΣΗΣ \| ΚΛΕοΠΑΤΡΑΣ - ΒΑΣΙΛΕΩΣ - ΑΝΤΙοΧοΥ· Aigle debout à g. sur un éperon de navire, une palme posée contre l'aile d. Dans le champ à g., un aplustre et ΑϘΡ (= *an 191*); à d., ΣΙΔΩ \| ΙΕΡ \| ΑΣ (Σιδωνος ἱερᾶς ἀσύλου). Grènetis. BMC. p. 85, 1, var. B. p. 174, 1352. (*Pièce frappée à Sidon.*) Très rare. Superbe. |
| 1706 | 16.56 | Æ 30 | Mêmes têtes, plus larges et moins de relief. Bandelette de laine nouée au pourtour. ꝶ. ΒΑΣΙΛΙΣΣΗΣ \| ΚΛΕ∘ΠΑΤΡΑΣ \| ΘΕΑΣ-ΚΑΙ \| ΒΑΣΙΛΕΩΣ \| ΑΝΤΙ∘Χ∘Υ· Zeus nicéphore, à demi nu, assis à g., s'appuyant sur son sceptre. Un seul monogr. indistinct dans le champ à g. BMC. p. 86, 2/6, var. B. p. 175, 1359, var. Très beau. |
| 1707 | 16.57 | Æ 30 | Autre exemplaire semblable; dans le champ à g. du revers, le monogr., [monogramme]. BMC. 2/6, var. B. 1359, var. T.B. |

## Antiochus VIII Grypus. *125-96* (*ère des Sél. 187-216*).

| Nos | Poids | Métal et Module | |
|---|---|---|---|
| 1708 | 16.74 | Æ 28 | Tête diadémée du roi à d. Bandelette de laine nouée au pourtour. ꝶ. ΒΑΣΙΛΕΩ· \| ΑΝΤΙοΧοΥ - ΕΠΙ - ΦΑΝοΥΣ· Zeus Ouranios, à demi nu, debout à g., tenant sur la main d. étendue un astre et s'appuyant de la main g. sur le sceptre; au-dessus de sa tête, un croissant. Dans le champ à g., ΙΕ \| Α; à d., Ν· Couronne de laurier au pourtour. BMC. p. 88, 10. B. p. 184, 1413 sq. var. Superbe. |
| 1709 | 16.47 | Æ 33 | Même droit. ꝶ. Même légende. Zeus Ouranios entièrement nu, debout à g., comme ci-dessus. Dans le champ à g., Μ· Couronne de laurier au pourtour. BMC. p. 89, 14. B. p. 183, 1409. Superbe. — Coll. Fenerly Bey. Vente à Vienne 1912, n° 740. — |
| 1710 | 15.82 | Æ 30 | Même droit. ꝶ. Même légende. Autel de Zeus Dolichenos, dit monument de Sardanapale. Dans le champ à g., [monogramme] \| [monogramme]. BMC. p. 89, 22. B. p. 185, 1424, var. Très beau. — Coll. Sir Ed. Bunbury. Vente à Londres 1896, n° 574. — |
| 1711 | 16.36 | Æ 29 | Même droit. ꝶ. Même légende. Zeus nicéphore, à demi nu, assis à g., s'appuyant de la main g. sur son sceptre. Dans le champ à g., Ε \| Α; sous le siège, Α· Couronne de laurier au pourtour. BMC.—. B. p. 187, 1433. Superbe. |
| 1712 | 16.15 | Æ 28 | Un deuxième exemplaire. Superbe. |

| Nos | Poids | Métal et Module | |
|---|---|---|---|
| | | | **Antiochus IX Cyzicène.** *116-95 (ère des Sél. 196-217).* |
| 1713 | 16.15 | AR 30 | Tête diadémée du roi à d. avec favoris. Bandelette de laine noueuse au pourtour. ℞. ΒΑΣΙΛΕΩΣ \| ΑΝΤΙoΧoΥ-ΦΙΛΩΠ-ΑΤoΡoΣ · Athéna nicéphore, drapée et casquée debout à g., avec la lance et s'appuyant sur son bouclier orné du Gorgonéion. Dans le champ à g., ΔΙ· Couronne de laurier au pourtour. BMC. p. 92, 9, var. B. p. 192. Superbe. |
| 1714 | 16.66 | AR 28 | Tête barbue du roi à d. ; bandelette de laine noueuse au pourtour. ℞. Même légende. Autel de Zeus Dolichenos, dit monument de Sardanapale. Dans le champ à g., ΑΙ \| ΜΕ· BMC. p. 112, 15a, var. B. p. 193, 1482. Superbe. — Cat. Hirsch XXXI, n° 487. — |
| | | | **Séleucus VI Ephipane Nicator.** *96-95 (ère des Sél. 216-217).* |
| 1715 | 14.96 | AR 28 | Tête diadémée du roi à d., bandelette en laine noueuse au pourtour. ℞. ΒΑΣΙΛΕΩΣ \| ΣΕΛΕΥΚΟΥ - ΕΠΙΦΑΝΟΥΣ \| ΝΙΚΑΤΟΡΟΣ · Zeus nicéphore, à demi nu, assis à g., s'appuyant de la main g. sur son sceptre. Dans le champ à g., Α \| Ν̄ \| Α ; sous le siège, Ν · Couronne de laurier au pourtour. BMC. p. 95, 1, var. B. p. 198, 1512, var. Superbe. |
| | | | **Antiochus X Eusèbe.** *94-83 (ère des Sél. 218-229).* |
| 1716 | 16.15 | AR 26 | Tête juvénile diadémée du roi à d. Bandelette de laine noueuse au pourtour. ℞. ΒΑΣΙΛΕΩΣ \| ΑΝΤΙoΧoΥ-ΕΥΣΕΒoΥΣ \| ΦΙΛoΠΑΤoΡoΣ · Zeus nicéphore, à demi nu, assis à g., s'appuyant de la main g. sur son sceptre. Dans le champ à g., ⊠ \| Α ; sous le siège, Δ · Couronne de laurier au pourtour. BMC. p. 97, 1. B. p. 200, 1526, var. Superbe. |
| | | | **Philippe Philadelphe.** *92-83 (ère des Sél. 220-229).* |
| 1717 | 15.31 | AR 25 | Tête diadémée du roi à d. Bandelette de laine noueuse au pourtour. ℞. ΒΑΣΙΛΕΩΣ \| ΦΙΛΙΠΠoΥ-ΕΠΙΦΑΟΥΣ \| ΦΙΛΑΔΕΛΦΟΥ · Zeus nicéphore, à demi nu, assis à g., s'appuyant sur son sceptre. Sous le siège, Α. Couronne de laurier au pourtour. BMC. p. 100, 1/4, var. B. p. 203, 1546. T.B. |
| 1718 | 14.50 | AR 26 | Autre exemplaire semblable; sans monogr. sous le siège. BMC. 1 sq. B. p. 1546 sq. T.B. |
| 1719 | 14.57 | AR 26 | Autre exemplaire semblable. Dans le champ à g. du revers, ΑΤ; sous le siège, Α ; à l'ex., ΘΙ (= *an 19*). BMC. p. 100, 6. B. p. 202, 1541. T.B. |
| 1720 | 14.61 | AR 27 | Autre exemplaire semblable, sans date à l'ex. BMC. 6, var. B. p. 204, 1551. T.B. |
| 1721 | 15.87 | AR 25 | Autre exemplaire semblable; sous le siège, Α ; à l'ex., Π · BMC. p. 100, 16, var. B. p. 203, 1546, var. T.B. |

| Nos | Poids | Métal et Module | |
|---|---|---|---|
| | | | **Tigrane I le Grand,** *roi d'Arménie. 97-56 (ère des Sél. 215-256).* |
| 1722 | 15.86 | AR 26 | Buste du roi à d., coiffé d'une haute tiare ornée d'une étoile entre deux aigles. Bandelette de laine noueuse au pourtour. ℞. **ΒΑΣΙΛΕΩ-Σ-ΤΙΓΡΑΝΟV·** Tyché tourelée, assise à d. sur un rocher, tenant de la main d. avancée une palme. A ses pieds, l'Oronte nu, nageant à d. Au pied du rocher à g. ΙΑ ; devant, Ρ· BMC. p. 109, 5. B. p. 213, 8 sq. Superbe.<br>— Coll. Lord Ashburnam. Vente à Londres 1895, n° 221. — |
| | | | SÉLEUCIDE ET PIÉRIE |
| | | | **Séleucie.** |
| | | | *De 104 au Ier siècle av. J.-C.* |
| 1723 | 14.53 | AR 28 | Buste voilé de Tyché de Séleucie, tourelé, à d. Bandelette de laine noueuse au pourtour. ℞. **ΣΕΛΕΥΚΕΩΝ \| ΤΗΣΙΕΡΑΣ - ΚΑΙ \| ΑΥΤΟΝΟΜΟΥ ·** Foudre orné du bandeau royal sur un trône; entre les pieds, **ΒΙ** (= *an 12*); à d., ⊠· Couronne de laurier au pourtour. BMC. p. 271, 19, var. Superbe. |
| 1724 | 14.84 | AR 27 | Un autre exemplaire semblable, avec la date **ς** (= *an 6*) et **Δ**. BMC. 270, 16, sq. var. Superbe. |
| 1725 | 14.75 | AR 28,5 | Un autre exemplaire semblable, avec la date **ΓΙ** (= *an 13*) et **Ι**· BMC. p. 271, 20, var. Superbe.<br>— Coll. Fenerly Bey. Vente à Vienne 1912, n° 764. — |
| | | | PHÉNICIE |
| | | | **Arados.** |
| 1726 | 3.22 | AR 14 | *Vers 380.* ·𐤌𐤀 (*ex Arado?*) Dagon ichthyomorphe barbu, à d., tenant de chaque main un dauphin par la queue. Cercle cordelé. ℞. Galère voguant à d. Au-dessous, hippocampe ailé galopant à d. Carré creux limité par un grènetis. BMC. p. 3, 7. Bab. pl. 116, 6. Beau. |
| 1727 | 10.38 | AR 20 | Tête barbue et laurée de Baal-Arvad à d. ℞. Galère phénicienne sur des flots à g. BMC. p. 4, 18 sq. Bab. pl. 116, 21. Très beau. |
| 1728 | 3.03 | AR 15 | Tête semblable de Baal-Arvad. Grènetis. ℞. 𐤌𐤀 (= *ex Arado*). Galère phénicienne voguant à d. sur des flots représentés par trois lignes parallèles ondulées. BMC. p. 5, 27 sq. Bab. pl. 116, 25. Superbe. |
| 1729 | 3.22 | AR 14 | Un deuxième exemplaire semblable. Bab. pl. 116, 26. T.B. |
| 1730 | 0.09 | AR 5 | *350-332.* Tête barbue à d. ℞. Tortue dans un cercle creux. BMC. p. 11, 76. Très rare. B. |
| 1731 | 4.06 | AR 17 | *174-110.* **Ρ - ΔΙ** · Abeille, vue de dos. Grènetis. ℞. **ΑΡΑΔΙΩΝ** · Cerf debout à d. A l'arrière-plan, un palmier. BMC. p. 21, 158. De toute beauté.<br>— Ancienne collection Sangorski. — |

| Nos | Poids | Métal et Module | |
|---|---|---|---|
| 1732 | 14.96 | Æ 27,5 | *137-46*. Buste tourelé de Tyché à d. Grènetis. ℞. **ΑΡΑΔΙΩΝ**· Niké drapée debout à g., portant une palme et tenant de la main d. un aplustre. Dans le champ à g., **BNP** (= *an 152 de l'ère d'Arados*) 𐤁 (𐤓) et **ΘC**· Couronne de laurier au pourtour. BMC.—, cf. BMC. p. 25, 199. Babelon, Les Perses Achéménides, p. 151, nº 1072. Très beau. |
| 1733 | 15.29 | Æ 26 | Autre exemplaire semblable, avec la date **ΓΠΡ** (= *an 77/76*) 𐤐 et **ΜΣ**· BMC. p. 31, 255. Superbe. |
| | | | **Sidon.** |
| 1734 | 7.03 | Æ 18 | *Roi incertain (Eshmunazar?) vers 475*. Galère sidonienne surmontée d'un mât et de quatre voiles, voguant à g. sur des flots représentés par deux lignes parallèles. Grènetis. ℞. Le roi de Perse debout à d., tirant de l'arc; devant lui, en creux, une protomé de bouquetin; derrière lui, aussi en creux, tête de Bésa, barbue, de face. Carré creux. BMC. p. 139, 2. Bab. pl. 118, 2. Comp. 311. Superbe. |
| | | | **Bodastoret?** (*Bodostor*). *380-374.* |
| 1735 | 28.34 | Æ 30 | 𐤁· Galère sidonienne sans voiles, voguant à g. sur des flots. Cercle cordelé. ℞. Le roi de Perse Artaxerxès II Memnon, debout dans un char, traîné par quatre chevaux; l'aurige est devant le roi, tenant les rênes. Derrière le char, un Egyptien coiffé du pschent et vêtu de la schenti, suit à pied et tient une œnochoé et un sceptre. Aire creuse, limitée par un cercle cordelé. BMC. p. 143, 17. Bab. pl. 119, 1. Très beau. — Collection Hidden, Londres 1917. — |
| 1736 | 28.01 | Æ 30 | Un deuxième exemplaire semblable. T.B. |
| | | | **Abdastoret II** (*Straton le Philhellène*). *342-333.* |
| 1737 | 25.61 | Æ 29 | Galère sidonienne sans voiles, comme ci-dessus, sur des flots représentés par quatre groupes de lignes parallèles ondulées en zig-zag. En haut, le chiffre I (= *an 1*). Grènetis. ℞. Le roi Artaxerxès II Memnon avec son aurige dans le char à d., suivi de l'Egyptien, comme ci-dessus. Aire creuse bordée d'un grènetis. BMC. p. 152, 71. Bab. pl. 119, 15. Très beau. |
| 1738 | 14.14 | Æ 29 | *107 av.-43/44 après J.-C.* Buste voilé et tourelé de Tyché à d. Grènetis. ℞. **ΣΙΔΩΝΟΣ ΤΗΣ ΙΕΡΑΣ ΚΑΙ ΑΣΥΛΟΥ**· Aigle debout à g. sur un éperon de navire, une palme posée contre son aile d. Dans le champ à g., **LN** (= *an 50*); à d., **Ᾰ**· BMC. p. 159, 105, var. De toute beauté. — Collection Sir H. Weber, Londres. — |
| | | | **Tripolis.** |
| 1739 | 14.94 | Æ 29 | *142-81*. Bustes accolés des Dioscures à d., laurés; les cheveux courts et bouclés; au-dessus de chaque tête, une étoile. Bandelette de laine noueuse au pourtour. ℞. **ΤΡΙΠΟΛΙΤΩΝ \| ΤΗΣ ΙΕΡΑΣ ΚΑΙ-ΑΥΤΟΝΟΜΟΥ \| ΘΕΟ**· Tyché tourelée et drapée debout à g., tenant de la main d. une barre de gouvernail et de la main g. une corne d'abondance. A ses pieds, **ΝΙ**; à l'ex., **LA** (= *an 83/2*). BMC. p. 201, 6. De toute beauté. |

| Nos | Poids | Métal et Module | |
|---|---|---|---|
| | | | **Tyr.** |
| 1740 | 13.56 | Æ 23 | *450-400.* ϤVϤV (*schiloschon, trentième*). Dauphin à d., nageant sur des flots représentés par des stries parallèles ondulées; dessous, le murex. Cercle cordelé. ℟. Chouette debout à d., portant sur son aile g. le sceptre et le fléau d'Osiris. Le type est entouré d'un large sillon qui en accentue les contours. Cercle creux. BMC. p. 227, 1. Bab. pl. 122, 2. Comp. 312. Extrêmement rare. De toute beauté. — Collection Paul Mathey, Paris. — |
| 1741 | 13.72 | Æ 21 | Légende incomplète. Même type. ℟. Type pareil au précédent (sans sillon autour). Traces d'un carré creux. BMC.—. Bab. pl. 122, 5. Très rare. T.B. — Collection Sir H. Weber, Londres. — |
| 1742 | 12.59 | Æ 23 | *400-332.* Melquart armé, à cheval sur un hippocampe ailé à d., sur des flots représentés par des stries parallèles ondulées. Sous les flots, un dauphin nageant à d. Cercle cordelé. ℟. Chouette debout à d., regardant de face, et portant sur son aile g. le sceptre et le fléau égyptiens. BMC. p. 230, 19. Bab. pl. 122, 16. Flan très large. Superbe. |
| 1743 | 13.40 | Æ 23 | Un deuxième exemplaire semblable. Très beau. — Coll. Maxime Collignon. Vente à Paris 1919, n° 408. — |
| 1744 | 8.85 | Æ 20 | *332-275.* Droit semblable. ℟. Chouette debout à d., comme ci-dessus. Dans le champ à d., la date ǀ9 (*en l'an 1*) et dessous Ϥ. Cercle cordelé. BMC. p. 231, 25. Bab. pl. 122, 19. Très beau. |
| 1745 | 14.29 | Æ 30 | *126/5 av.-65/6 après J.-C.* Buste lauré de Melkarth (Héraclès) avec favoris à d., la peau de lion nouée autour du cou. Grènetis. ℟. **ΤΥΡΟΥ ΙΕΡΑΣ-ΚΑΙ ΑΣΥΛΟΥ**. Aigle debout à g. sur un éperon de navire, une palme posée contre l'aile d. Devant lui, une massue debout surmontée de **AK** (= *an 21 de l'ère tyrienne = 106/5 av. J.-C.*); entre les pattes de l'aigle, 9; à d., ЊΡ. BMC. p. 239, 99. Bab., Pers. Achém, n° 2047. F.D.C. |
| 1746 | 14.34 | Æ 29 | Un autre exemplaire semblable, avec la date, **ΕΛ** (= *an 35 = 92/91 av. J.-C.*) et **Δ**. BMC. p. 241, 126. Bab. l. c., n° 2057. Superbe. |
| 1747 | 14.29 | Æ 29 | Un autre exemplaire semblable, avec la date **ΛΝ** (= *50 = 77/6 av. J.-C.*) et **Α**. BMC. p. 243, 142. Superbe. — Vente Hidden, Londres 1917. — |
| | | | JUDÉE |
| | | | **Gaza.** |
| 1748 | 4.14 | Æ 14 | *Ve siècle.* Tête d'homme barbu à d., les cheveux retenus par un bandeau et représentés par des stries parallèles granulées. ℟ **ΟΖ**. Protomé de cheval galopant à d. Carré creux et grènetis. BMC. p. 178, 14. Bab. pl. 124, 14. T.B. — Coll. Maxime Collignon. Vente à Paris 1919, n° 411. — |

| Nos | Poids | Métal et Module | |
|---|---|---|---|
| | | | **Jérusalem.** |
| 1749 | 14.11 | Æ 23 | *Première révolte. 66-70.* שקל ישראל (*sicle d'Israël*). Calice. Au-dessus, ꟻ (א) (= *an 2 = 66/7*). Grènetis. ℞. ירושלם \| קדשה (*Jérusalem, la sainte*), Rameau à trois boutons. Grènetis. BMC. p. 269, 1. Madden, Coins of the Jews, p. 67, 1. Extrêmement rare. Superbe. — Catalogue Hirsch XXXII, n° 589. — |
| 1750 | 14.12 | Æ 23 | Autre exemplaire semblable, avec ꓭW (שב = *an 2 = 67/8*). BMC. p. 270, 7. Madden p. 68, 3. Comp. 313. F. D. C. |
| 1751 | 6.94 | Æ 19 | חצי השקל (*demi-sicle*). Calice. Grènetis. Au-dessus, la même date que ci-dessus. ℞. Pareil au précédent. BMC. p. 270, 10. Madden p. 68, 4. Superbe. |
| 1752 | 13.76 | Æ 23 | שקל ישראל (*sicle d'Israël*). Calice. Au-dessus, ꓶW (= שג = *an 3 = 68/69*). ℞. Pareil au précédent. BMC. p. 271, 12. Madden p. 68, 5. Superbe. |
| 1753 | 6.87 | Æ 19 | חצי השקל (*demi-sicle*). Même type et même date. Grènetis. ℞. Pareil au précédent. BMC. p. 271, 15. Madden p. 68, 6. Superbe. |
| 1754 | 14.10 | Æ 21,5 | שקל ישראל (*sicle d'Israël*). Calice. Au-dessus, ꓱW (= שד = *an 4 = 69/70*). ℞. Pareil au précédent. BMC. p. 271, 17. Madden p. 69, 7. Superbe. |
| 1755 | 14.76 | Æ 25 | *Deuxième révolte. 132-135.* ꟽꞲꝹ-ꓭꞶ (שמעון = Siméon). Edifice à quatre colonnes; au milieu, une porte (Ecrin du tabernacle avec l'arche). Grènetis. ℞. ꓭꓡꞶꞲꟼ-ꞁXꞲꟼꓭꓥ (ירושלם \| לחרות = délivrance de Jérusalem). Lulab et Ethrog. BMC. p. 287, 19. Madden p. 239, 19, var. Comp. 314. De toute beauté. |
| 1756 | 3.25 | Æ 19 | *Deniers surfrappés sur des pièces romaines ou de Césarée.* ꟽꞶ \| ⋗Oꓭ (= Siméon) dans une couronne d'objets en forme d'amande. Grènetis. ℞. ꓭꓡꞶꞲꟼꞁ XꞲꟼꓭꓡ (= *délivrance de Jérusalem*). Cruche cannelée à une anse; à d., une palme. Traces de la légende romaine. Grènetis. BMC. p. 294, 43. Madden p. 233, 1. Superbe. |
| 1757 | 2.95 | Æ 19 | Même droit. ℞. Même légende. Branche de palme debout. Traces de légende romaine. Grènetis. BMC. p. 297, 61. Madden p. 235, 6. Superbe. |
| 1758 | 3.28 | Æ 18 | Un autre exemplaire semblable. BMC. p. 297, 63. Madden p. 235, 6. Superbe. — Collection Hidden, Londres 1917. — |
| 1759 | 3.32 | Æ 19 | Même légende au pourtour. Grappe de raisin sur son cep. Grènetis. ℞. Même légende. Lyre à trois cordes. Grènetis. BMC. p. 298, 73. Madden p. 236, 9. F. D. C. |
| 1760 | 3.40 | Æ 18 | Même légende et même type. Traces de la légende romaine. Grènetis. ℞. Même légende. Deux tubæ, les embouchures en bas. Grènetis. BMC. p. 300, 89. Madden p. 238, 16. Superbe. |

| Nos | Poids | Métal et Module | |
|---|---|---|---|
| | | | ## ARABIE |
| | | | ### Rois himyarites. |
| 1761 | 5.47 | Æ 24 | *100-24.* Tête imberbe laurée à d., les cheveux retombant en boucles. Couronne de laurier au pourtour. ℞. Chouette debout à d. sur une amphore sans anses; dans le champ à g. et à d., monogr. himyarites. Couronne formée d'amphores couchées sans anses, au pourtour. BMC. p. 59, 24. T.B. |
| 1762 | 3.23 | Æ 17 | *Ier siècle av. J.-C.* Tête imberbe à g., les cheveux retombant en boucles. Dans le champ à g. et à d., un symbole. Grènetis. ℞. Bucrane avec cornes d'antilope; dans le champ à g. et à d., un symbole. Bordure en ·II·II· BMC. p. 66, 24. Superbe. |
| | | | ## ROIS DES PARTHES |
| | | | ### Phriapatius I, *191-176,* et Phraate I, *176-171.* |
| 1763 | 3.68 | Æ 22 | Buste d'Arsacès I, imberbe, avec casque pointu et diadémé, torque autour du cou. Grènetis. ℞. **ΒΑΣΙΛΕΩΣ - ΜΕΓΑΛΟΥ - ΑΡΣΑΚΟΥ** · Arsacès I casqué et diadémé assis à g. sur l'omphalos, tenant un arc de la main d. BMC. p. 3, 12. Très beau. |
| | | | ### Arsacès VI (Mithradate I). *171-138.* |
| 1764 | 14.93 | Æ 26 | Buste royal barbu et diadémé à d. ℞. **·ΑΣΙΛΕΩΣ \| ΜΕΓΑΛΟΥ - ΑΡΣΑ - ΚΟΥ \| ΦΙΛΕΛΛΗ - ΝΟΣ** · Héraclès nu, barbu et diadémé debout à g., tenant de la main d. étendue une coupe et portant de la g. la peau de lion et sa massue. Monogr. à l'ex., hors du flan. BMC. p. 12, 48. Comp. 315. Superbe. — Coll. H. Montagu, Londres 1897, n° 400. — |
| | | | ### Mithradate II. *123-88.* |
| 1765 | 15.21 | Æ 27 | Buste barbu du roi, diadémé et cuirassé à g. Grènetis. ℞. **ΒΑΣΙΛΕΩΣ - ΜΕΓΑΛΟΥ - ΑΡΣΑΚΟΥ - ΕΠΙΦΑΝΟ** · · · Arsacès vêtu d'une armure, assis à d. sur l'omphalos, tenant un arc. Dans le champ à d., une palme. BMC. p. 24, 3. Comp. 316. Très beau. |
| 1766 | 3.70 | Æ 20 | Même buste; dans le champ à d., **ΑΡ \| ΑΡ** · ℞. Pareil au précédent. Derrière le roi, **Α** · BMC. p. 25, 6. T.B. |
| 1767 | 4.23 | Æ 20 | Droit semblable. ℞. **ΒΑΣΙΛΕΩΣ - ΒΑΣΙ ΛΕΩΝ - ΜΕΓΑΛΟΥ - ΑΡΣΑΚΟΥ \| ΕΠΙΦΑΝΟΥΣ** · Arsacès vêtu d'une armure, assis à d. sur un trône, tenant un arc. BMC. p. 30, 66. Superbe. |
| | | | ### Artabane II. *88-77.* |
| 1768 | 15.43 | Æ 28 | Buste barbu, diadémé et cuirassé à d. Grènetis. ℞. **ΒΑΣΙΛΕΩΣ - ΜΕΓΑΛΟΥ \| ΑΡΣ ΑΚΟΥ - ΘΕΟΠΑΤΟΡΟΣ \| ΕΥΕΡΓΕΤΟΥ - ΕΠΙΦΑΝΟΥΣ \| ΦΙΛΕΛΛΕΝΟΣ** · Arsacès vêtu d'une armure assis à d. sur un trône, tenant un arc. Dans le champ à d., ®. BMC. p. 38, 2. Comp. 317. T.B. |

| Nos | Poids | Métal et Module | |
|---|---|---|---|
| | | | **Phraate III.** *70-57.* |
| 1769 | 4.10 | AR 21 | Buste du roi barbu, diadémé et cuirassé à g. Grènetis. ℞. Légende et type semblable au précédent. Dans le champ à d., ΠΑ· BMC. p. 45, 2. T.B. |
| 1770 | 4.12 | AR 20 | Buste barbu et cuirassé du roi à g., coiffé d'un casque cornu orné d'une rangée de cerfs. Grènetis. ℞. ΒΑΣΙΛΕΩΣ-ΜΕΓ ΑΛΟV-ΑΡΣΑΚΟV-ΘΕΟΓΑΤΡΟV (sic!) \| ΝΙΚΑΤΟΡΟΣ· Arsacès en armure assis à d. sur un trône, tenant un arc. BMC. p. 52, 10. Superbe. |
| | | | **Orode I.** *57-37.* |
| 1771 | 15.42 | AR 29 | Buste barbu, diadémé et cuirassé du roi à g. Grènetis. ℞. ΒΑΣΙΛΕΩΣ \| ΒΑΣΙΛΕΩΝ - ΑΡΣΑΚΟΥ \| ΕΥΕΡΓΕΤΟΥ - ΔΙΚΑΙΟΥ - ΕΓΙΦΑΝΟΥΣ \| ΦΙΛΕΛΛΗΝΟΣ· Orode assis à d., Tyché à genoux devant lui, le bras d. étendu, tenant un sceptre de la main g. BMC. p. 72, 31. T.B. |
| 1772 | 15.18 | AR 33 | Droit semblable. ℞. Même légende. Orode assis à g., tenant sur la main d. étendue une petite Niké stéphanophore, et s'appuyant de la main g. sur le sceptre. BMC. p. 73, 34. Comp. 318. Superbe. |
| | | | **Phraate IV.** *38-3.* |
| 1773 | 12.66 | AR 27,5 | Buste barbu, diadémé et cuirassé du roi à g. Grènetis. ℞. Même légende. Le roi assis à g. sur un trône, tenant sur la main d. étendue une petite Niké stéphanophore et s'appuyant de la main g. sur le sceptre. Sous le trône, ΠC (= *an 280 = 33/32*); à l'ex., ΔΑΙΣΙ· BMC. p. 100, 8. Très beau. |
| | | | **Pacorus II.** *77-109(?).* |
| 1774 | 13.78 | AR 27 | Buste imberbe, diadémé et cuirassé à g. Derrière, Β· Grènetis. ℞. ΒΑCΙΛΕΩC \| ΒΑCΙΛΕΩΝ - ΑΡΣΑΚΟΥ \| ΓΑΚΟΡΟΥ - [ΔΙΚΑΙΟΥ] - ΕΓΙΦΑΝΟΥC \| ΦΙΛΕΛΛΗΝΟC· Le roi assis à g. sur un trône, recevant une couronne des mains de Tyché debout devant lui, ΘΓΤ (= *an 389 = 78*). BMC. p. 194, 3. T.B. |
| | | | **Vologèse II.** *77-146.* |
| 1775 | 9.43 | AR 28 | Buste barbu et cuirassé du roi à g., coiffé du casque orné du diadème. Derrière, Є· Grènetis. ℞. Légende avec les mêmes épithètes et nom, ΟΛΑΓΑCΟΥ· Type pareil au précédent. En haut, ϚΛΥ (*an 436 = 124/25*). BMC. p. 212, 23 sq., var. T.B. |
| | | | **Vologèse III.** *147-191.* |
| 1776 | 12.98 | AR 26 | Buste barbu et cuirassé du roi, coiffé d'un casque orné du diadème. Derrière, Β. Grènetis. ℞. Même légende et même type. En haut, ΑΓΥ (= *an 481 = 169/70*). BMC. p. 227, 28. T.B. |

| Nos | Poids en grammes | Métal et Module | |
|---|---|---|---|
| | | | **Darius** (?). *150-100.* |
| 1777 | 3.96 | AR 19 | Tête barbue à d., avec boucles d'oreilles rondes, coiffée du *kyrbasia* avec couvre-nuque orné d'un croissant. ℞. דאריוס מלכא (*Darius, le roi*). Edifice avec ornements d'angle en gradins, surmonté de l'image d'Ahuramazda; à g., le roi debout à d., levant les mains; à d., un étendard surmonté d'un aigle. BMC. p. 210, 12. T. B. |
| 1778 | 2.89 | AR 17 | Un autre exemplaire semblable, sans inscription; champ concave au revers. BMC. p. 204, 2. Pièce coulée dans l'antiquité. T. B. |
| | | | **ROIS DE PERSE** |
| | | | **DYNASTIE ACHÉMÉNIDE** |
| | | | **Darius II Nothus.** *425-405.* |
| 1779 | 5.65 | AR 15,5 | Le roi de Perse, barbu, coiffé de la *cidaris* et vêtu de la *kandys*, courant à d., tenant un arc et un javelot. ℞. Carré creux allongé irrégulier. BMC. p. 155, 56. Bab. pl. 86, 11. Superbe. |
| | | | **Artaxerxès II Memnon,** *405-359.* |
| 1780 | 8.30 | AV 15 | Le roi de Perse courant à d., comme ci-dessus. ℞. Carré creux rectangulaire irrégulier. BMC. p. 156, 58. Bab. pl. 86, 20. Superbe. |
| | | | **Darius III Codoman.** *337-330.* |
| 1781 | 8.33 | AV 13 | Le roi de Perse courant à d., comme ci-dessus, d'un très haut relief. ℞. Dépression elliptique sillonnée de lignes transversales ondulées. BMC. p. 160, 86. Bab. pl. 87, 23. Superbe. |
| | | | **LES SATRAPES** |
| 1782 | 16.64 | AV 19 | *Les généraux d'Alexandre, frappé à Babylone. 331-300.* Le roi de Perse barbu, courant à d., coiffé de la cidaris et vêtu de la kandys, le carquois sur le dos et tenant un arc et un javelot. Derrière lui, ΦΙ · ℞. Dépression elliptique sillonnée de lignes transversales ondulées. BMC. p. 177, 4. Bab. pl. 115, 18. Comp. 319. Très rare. Très beau. — Collection Sir H. Weber, Londres. — |
| | | | **Memnon le Rhodien** (*à Ephèse et en Carie*). *334.* |
| 1783 | 14.92 | AR 24 | Le roi de Perse courant à d., comme ci-dessus. ℞. Dépression creuse, de forme irrégulière et granulée. Bab. pl. 89, 10. Très rare. T. B. — Collection Sir H. Weber, Londres. — |
| | | | **Evagoras II.** *361-351.* |
| 1784 | 15.21 | AR 21 | Le roi de Perse drapé et coiffé de la cidaris, à demi agenouillé à d., et tirant de l'arc. Grènetis. ℞. Le roi Evagoras II, coiffé de la tiare perse, au galop à d., brandissant la lance. Au-dessus du cheval, O (ע) et une couronne. Grènetis. Bab. type pl. 91, 11. T. B. |

# ROIS DE BACTRIANE

## Diodote. *Vers 250.*

| Nos | Poids | Métal et Module | |
|---|---|---|---|
| 1785 | 8.31 | AV 18 | Tête diadémée du roi à d. R. ΒΑΣΙΛΕΩΣ-ΔΙΟΔΟΤΟΥ· Zeus nu, debout à g., brandissant le foudre de la main d. et portant l'égide sur le bras g. étendu. A ses pieds, l'aigle debout à g.; au-dessus, une couronne. BMC. p. 3, 1. Comp. 320. Très rare. Superbe. |

## Euthydème I. *Vers 220.*

| Nos | Poids | Métal et Module | |
|---|---|---|---|
| 1786 | 16.52 | AR 29 | Tête diadémée du roi à d. Grènetis. R. ΒΑΣΙΛΕΩΣ-ΕΥΘΥΔΗΜΟΥ· Héraclès entièrement nu, assis à g. sur un rocher, tenant de la main d. la massue appuyée sur un rocher devant lui. Grènetis. En bas à d., · BMC. p. 4, 2. Très rare. Superbe. — Vente Butler, Londres 1911, n° 176. — |
| 1787 | 16.54 | AR 27 | Tête semblable d'un dessin très vigoureux. Grènetis. R. Même légende et type semblable. Dans le champ à d., · Grènetis. BMC. p. 4, 6. Très beau. — Vente Butler, Londres 1911, n° 175. — |
| 1788 | 16.52 | AR 30 | Tête semblable, plus âgée. Grènetis. R. Même légende. Héraclès nu assis à g. sur un rocher recouvert de la peau de lion, appuyant la massue debout sur sa cuisse d., un peu levée. Au pied du rocher à d., · BMC. p. 5, 13. Comp. 321. Très rare. De toute beauté. |
| 1789 | 16.57 | AR 28 | Tête âgée, diadémée, du roi à d., d'un style très réaliste. Grènetis. R. Pareil au précédent. BMC. p. 5, 13. Comp. 322. Très rare. Superbe. — Vente Butler, Londres 1911, n° 181. — |

## Démétrius, roi des Indes.

| Nos | Poids | Métal et Module | |
|---|---|---|---|
| 1790 | 16.78 | AR 31 | Buste du roi à d., coiffé de la peau d'éléphant, retenue par le bandeau royal. Cercle ressemblant à un collier au pourtour. R. ΒΑΣΙΛΕΩΣ-ΔΗΜΗΤΡΙΟΥ· Héraclès imberbe, nu, debout de face, se couronnant de feuilles de vigne; il tient de la main g. la massue et porte sur le bras la peau de lion. Dans le champ à g., · Même cercle qu'au droit au pourtour. BMC. p. 6, 1. Comp. 323. Flan extrêmement large. De toute rareté et de toute beauté. — Collection Sir E. C. Bayley. Cat. Hirsch XXXI, n° 510. — |
| 1791 | 0.62 | AR 12.5 | Même description. BMC. p. 6, 11. T.B. |

## Euthydème II, roi des Indes.

| Nos | Poids | Métal et Module | |
|---|---|---|---|
| 1792 | 16.35 | AR 36 | Buste jeune, diadémé, du roi à d. Grènetis. R. ΒΑΣΙΛΕΩΣ-ΕΥΘΥΔΗΜΟΥ· Héraclès nu, debout de face, couronné de lierre, tenant de la main d. une couronne de lierre et de la main g. la massue et la peau de lion. Dans le champ à g., · BMC. p. 8, 1. Comp. 324. Flan extrêmement large. Très rare. Très beau. — Collection Sir E. C. Bailey. Cat. Hirsch XXXI, n° 511. — |

| Nos | Poids | Métal et Module | |
|---|---|---|---|
| | | | **Antimaque, roi des Indes.** |
| 1793 | 17.— | Æ 32 | Buste du roi diadémé à d., coiffé de la kausia. Grènetis. ℞. ΒΑΣΙΛΕΩΣ ΘΕΟΥ-ΑΝΤΙΜΑΧΟΥ · Poseidon diadémé, à demi nu, debout de face, tenant de la main g. une palme et s'appuyant de la main d. sur le trident. A ses pieds à d., ΚΡ · BMC. p. 12, 3, var. Comp. 325. Extrêmement rare. Superbe. — Vente Butler, Londres 1911, n° 185. — |
| | | | **Eucratide, roi des Bactrianes et des Indes.** *Vers 180.* |
| 1794 | 16.05 | Æ 33 | Buste diadémé du roi à d. Cercle en forme de collier au pourtour. ΒΑΣΙΛΕΩΣ-ΕΥΚΡΑΤΙΔΟΥ · Apollo lauré, nu, la chlamyde pendant dans le dos, debout à d., tenant de la main d. une flèche et s'appuyant sur son arc. Devant lui, [monogramme] · BMC. p. 13, 2. Comp. 326. Très rare. T.B. |
| 1795 | 16.90 | Æ 32 | Buste semblable de très joli style. ℞. ΒΑΣΙΛΕΩΣ (en haut) - ΕΥΚΡΑΤΙΔΟΥ (en bas). Les Dioscures au galop à d., tenant chacun une palme et la lance en arrêt. Sous les chevaux, [monogramme] · BMC. p. 13, 6/7, var. De toute rareté et de toute beauté. — Vente Butler, Londres 1911, n° 186. — |
| 1796 | 16.86 | Æ 31 | Buste semblable plus âgé. Cercle au pourtour. ℞. Semblable au précédent; sous les chevaux, [monogramme] ; dans le champ à g., Δ · BMC. p. 13, 7, var. Extrêmement rare. Superbe. — Vente Butler, Londres 1911, n° 188. — |
| 1797 | 16.68 | Æ 31 | Buste du roi à d., coiffé d'un casque à aigrette, orné d'une corne et d'une oreille de taureau, le bandeau royal dépassant sous le casque. Bandelette de laine noueuse au pourtour. ℞. ΒΑΣΙΛΕΩΣ ΜΕΓΑΛΟΥ-ΕΥΚΡΑΤΙΔΟΥ · Même type des Dioscures; sous les chevaux, [monogramme] · BMC. p. 14, 11. Comp. 328. T.B. |
| | | | **Hélioclès.** *150-125.* |
| 1798 | 16.95 | Æ 32,5 | Buste diadémé du roi à d. Bandelette de laine noueuse au pourtour. ΒΑΣΙΛΕΩΣ-ΗΛΙΟΚΛΕΟΥΣ-ΔΙΚΑΙΟΥ · Zeus à demi nu, debout de face, tenant le foudre de la main d. et s'appuyant sur son sceptre. A ses pieds, [monogramme] · BMC. p. 21, 1 sq., var. Comp. 329. Très rare. Superbe. — Vente Butler, Londres 1911, n° 190. — |
| | | | **Antialcidas.** *Vers 150.* |
| 1799 | 2.43 | Æ 17 | ΒΑΣΙΛΕΩΣ ΝΙΚΗΦΟΡΟΥ ΑΝΤΙΑΛΚΙΔΟΥ · Buste du roi à d., coiffé du casque à aigrette, orné d'une corne et d'une oreille de taureau; le bandeau royal dépasse sous la nuque. ℞. Zeus nicéphore assis à g., tenant le sceptre; devant, protomé d'éléphant à g. A d., [monogramme] · BMC. p. 26, 8. T.B. — La légende du revers de cette monnaie ainsi que celle des suivantes est en lettres pehlvies. — |

| Nos | Poids | Métal et Module | |
|---|---|---|---|
| | | | **Apollodote I.** |
| 1800 | 2.39 | Æ 16 × 16 | ΒΑΣΙΛΕΩΣ-ΑΠΟΛΛΟΔΟΤΟΥ-ΣΩΤΗΡΟΣ· Eléphant à d., une guirlande autour du ventre. Au-dessous, ℳ· ℞. Zébu debout à d. BMC. p. 34, 10. Pièce carrée. T.B. |
| | | | **Ménandre.** *160-140.* |
| 1801 | 9.29 | Æ 28 | ΒΑΣΙΛΕΩΣ ΣΩΤΗΡΟΣ-ΜΕΝΑΝΔΡΟΥ· Buste juvénile du roi diadémé à d. ℞. Athéna Promachos avançant à g. Dans le champ à g., Σ; à d., ЖК· BMC. p. 44, 1. Superbe. |
| 1802 | 2.49 | Æ 17 | Même légende. Buste du roi à d., le bandeau royal au-dessous du casque à aigrette, orné d'une corne et d'une oreille de taureau. ℞. Pareil au précédent. A d., même monogr. qu'au n° 1797. BMC. p. 44, 10. Superbe. |
| 1803 | 2.42 | Æ 19 | Autre exemplaire semblable. Dans le champ du revers, à g., Σ; à d., même monogr. qu'au n° 1801. BMC.—, cf. BMC. p. 46, 28. Superbe. |
| 1804 | 2.47 | Æ 17 | Même légende. Buste juvénile du roi diadémé à d. ℞. Pareil au précédent. Dans le champ à d., Ɇ· BMC. p. 45, 19. Superbe. |
| 1805 | 2.46 | Æ 18 | Buste lauré du roi à g., vu de dos, armé de l'égide et brandissant la lance. ℞. Même type d'Athéna Promachos à d. Derrière, ⚘· BMC. p. 47, 36. Très beau. |
| 1806 | 2.46 | Æ 17 | Autre exemplaire semblable, mais Pallas à g. et derrière elle, ⋈· BMC. p. 47, 43, var. T.B. |
| | | | **Antimaque II Nicéphore.** |
| 1807 | 2.44 | Æ 16 | ΒΑΣΙΛΕΩΣ ΝΙΚΗΦΟΡΟΥ ΑΝΤΙΜΑΧΟΥ· Niké drapée avançant à g., tenant une palme et une couronne. Devant elle, même monogr. qu'au n° 1806. ℞. Le roi, diadémé et coiffé de la kausia, au galop à d. BMC. p. 55, 3. T.B. |
| | | | **Hippostrate.** |
| 1808 | 9.73 | Æ 29 | ΒΑΣΙΛΕΩΣ ΣΩΤΗΡΟΣ-ΙΠΠΟΣΤΡΑΤΟΥ· Buste diadémé du roi à d. ℞. Tyché drapée debout à g., levant la main d. et portant sur le bras g. une corne d'abondance. Devant elle, ⅄; derrière, ϡ· BMC. p. 59, 1. Superbe. |
| 1809 | 9.06 | Æ 28 | ΒΑΣΙΛΕΩΣ ΜΕΓΑΛΟΥ ΣΩΤΗΡΟΣ-ΙΠΠΟΣΤΡΑΤΟΥ· Même buste. ℞. Le roi diadémé, casqué et drapé, à cheval à d. Derrière lui, Ƴ; devant, ⊛. BMC. p. 59, 4. T.B. |
| | | | **Azès.** |
| 1810 | 9.16 | Æ 27.5 | ΒΑΣΙΛΕΩΣ ΒΑΣΙΛΕΩΝ ΜΕΓΑΛΟΥ-ΑΖΟΥ· Le roi en armure, debout à d. sur le cheval, la lance en arrêt. ℞. Zeus radié, à demi nu, debout de face, tenant le foudre et le sceptre. A g., ⊠; à d., S· BMC. p. 73, 2/3, var. T.B. |

| Nos | Poids | Métal et Module | |
|---|---|---|---|
| 1811 | 2.37 | Æ 16 | Droit semblable. ℟. Pallas debout de face, se couronnant et tenant de la main g. le bouclier et la lance. A d., [monogramme]; à g., [monogramme]. BMC. p. 79, 76 sq., var. T.B. |
| 1812 | 9.72 | Æ 23 | Droit semblable. ℟. Pallas avec ses attributs, allant à d. Dans le champ, deux monogrammes. BMC. p. 81, 92, var. T.B. |
| | | | **Azilisès.** |
| 1813 | 9.67 | Æ 26,5 | ΒΑΣΙΛΕΩΣ ΒΑΣΙΛΕΩΝ ΜΕΓΑΛΟΥ-ΑΣΙΛΙΣΟΥ. Le roi en armure, à cheval à d., tenant l'*ankus* de la main d.; l'arc attaché à la selle. Devant, [monogramme]. ℟. Zeus diadémé et drapé marchant à d., tenant le sceptre et l'*ankus* (?). Dans le champ, ʌ-ꞁ. BMC. p. 93, 1. T.B. — Collection Georges D. Beasby. — |
| 1814 | 9.80 | Æ 26 | Même droit, monogramme différent. ℟. Les deux Dioscures, nus, debout de face, la chlamyde pendant dans le dos, tenant chacun une lance. BMC. p. 93, 2. Très beau. — Collection Georges D. Beasby. — |
| 1815 | 9.57 | Æ 26 | Droit semblable. ℟. Un des Dioscures, barbu, drapé, debout de face, tenant la lance et l'épée. Dans le champ à g., monogramme. BMC. p. 93, 5. Très beau. — Collection Georges D. Beasby. — |
| 1816 | 9.42 | Æ 26 | Droit semblable. ℟. Tyché drapée, debout à g., tenant sur la main d. un objet incertain et de la main g. une palme enrubannée. Devant, [monogramme] Ξ; derrière, ʒ. BMC. p. 94, 12, var. T. B. |
| 1817 | 2.41 | Æ 17 | Même droit. ℟. Lakshmi nue, debout de face sur un piédestal, d'où poussent deux longues tiges surmontées chacune d'un éléphant. Dans le champ, ʌ-ꞁ. BMC.—. Très rare. T. B. — Collection Georges D. Beasby. — |
| | | | **Huvishka (Hoorkès).** *111-129.* |
| 1818 | 7.82 | AV 20 | Légende barbare. Buste à mi-corps du roi drapé à g., émergeant des nuages, coiffé d'un casque conique, nimbé, et tenant un épi de blé et la lance. ℟. ΡΑ✝ҺΟΡΟ. Arès, drapé et casqué, debout à d., tenant la lance et s'appuyant sur son bouclier. Derrière, [symbole]. Grènetis. BMC. p. 148, 104. T. B. |
| | | | **Bazodéo (Vasu Deva).** *152-176.* |
| 1819 | 7.97 | AV 20 | Légende barbare. Le roi nimbé en costume scythique, coiffé du casque conique, debout à g. devant un autel, tenant un trident. ℟. ΟΗΡΟ. Siva drapé, debout de face, tenant une couronne et un trident; derrière lui, un taureau, debout à g. En haut à g., [symbole]. Grènetis. BMC. p. 159, 10. Superbe. |
| 1820 | 8.01 | AV 24 | Autre exemplaire semblable; imitation barbare sur flan très large. BMC. p. 160, 19. Superbe. |
| 1821 | 7.97 | AV 26 | Autre exemplaire semblable, aussi de style barbare, mais plutôt indien. BMC. p. 160, 24. Superbe. |

| Nos | Poids | Métal et Module | |
|---|---|---|---|
| | | | **ROIS D'ÉGYPTE** |
| | | | (S. = Svoronos, J. N., Τὰ νομίσματα τοῦ κράτους τῶν Πτολεμαίων. Athènes 1904.) |
| | | | **Ptolémée I Soter.** *323-285.* |
| 1822 | 7.15 | AV 18 | *Roi. 305-285.* Tête diadémée du roi à d., l'égide nouée autour du cou. ℞. ΠΤ·ΛΕΜΑΙ·Υ \| ΒΑΣΙΛΕΩΣ (en haut). Quadrige d'éléphants à g., conduit par Zeus demi-nu et tenant le foudre. A l'ex., une branche de silphion. BMC. —. S. p. 19, 101. Comp. 330. F.D.C. — Pièce frappée en Cyrénaïque. — |
| 1823 | 7.10 | AV 18 | Tête semblable. ℞. Légende et type semblables. A l'ex., ΜΙ ΡΙ· BMC. p. 11, 93/4, var. S. p. 21, 126. Superbe. |
| 1824 | 15.61 | AR 28 | Tête d'Alexandre le Grand à d., cornue et coiffée de la peau d'éléphant et de l'égide. Grènetis. ℞. ΑΛΕΞΑΝΔΡΟΥ· Athéna Promachos casquée et drapée, marchant à d., tenant le bouclier et un javelot. Devant elle, un aigle debout à d. sur un foudre. De part et d'autre, ΗΗ-ΙΚ· BMC. p. 6, 46. S. p. 22, 139. Très beau style. Superbe. — Vente Earle, Philadelphie 1912. — |
| 1825 | 15.49 | AR 28,5 | Autre exemplaire semblable; petite contremarque sur la joue d'Alexandre. Superbe. |
| 1826 | 15.57 | AR 28 | Autre exemplaire semblable, avec les deux monogr., ΑΘ - ΔΙ· BMC. p. 4, 24. S. p. 23, 142. Superbe. — Vente Earle, Philadelphie 1912. — |
| 1827 | 15.53 | AR 31 | Autre exemplaire semblable. Aux pieds d'Athéna à g., une abeille, vue de dos, et au-dessus, le monogr., ΗΗ· BMC. p. 5, 45. S. p. 25, 153. Superbe. |
| 1828 | 15.67 | AR 28 | Autre exemplaire semblable. Dans le champ à d. du revers, un casque corinthien à d. et de part et d'autre, les monogr., ΘΕ - ΔΙ· BMC. —. S. p. 31, 177. Superbe. |
| 1829 | 1.79 | AV 13 | Buste diadémé du roi à d., l'égide nouée autour du cou. ℞. ΒΑΣΙΛΕΩΣ-ΠΤΟΛΕΜΑ···· Aigle, les ailes éployées, debout à g. sur un foudre. Devant lui, Χ· BMC. —. S. p. 38, 232. Superbe. |
| 1830 | 14.28 | AR 27 | Même type. Grènetis. ℞. Même légende et même type. Dans le champ à g., Ρ \| ΑΡ· BMC. p. 20, 59. S. p. 43, 255. Très beau. |
| | | | **Ptolémée II Philadelphe.** *285-246.* |
| 1831 | 14.10 | AR 29 | Tête voilée d'Arsinoë II à d., coiffée d'une stéphané. Derrière, Β· (= *an 2* = *269*). Grènetis. ℞. ΑΡΣΙΝΟΗΣ-ΦΙΛΑΔΕΛΦΟΥ· Aigle debout à g. sur un foudre. Graffitti et petites contremarques dans le champ. BMC. p. 43, 7, var. S. p. 67, 429. Comp. 336. Extrêmement rare. Très beau. |
| 1832 | 14.10 | AR 26 | Tête diadémée du roi à d., l'égide nouée autour du cou; derrière la nuque, Δ (= *an 4* = *267*). ℞. ΠΤΟΛΕΜΑΙΟΥ-ΣΩΤΗΡΟΣ· Aigle debout à g. sur un foudre; entre ses pattes, Χ· BMC. p. 51, 47. S. p. 68, 436. Superbe. |

| Nos | Poids | Métal et Module | |
|---|---|---|---|
| 1833 | 27.78 | AV 28 | Tête voilée d'Arsinoë II à d., coiffée de la stéphané; derrière, Ε (= *an 5* = *266*). Grènetis. R. ΑΡΣΙΝΟΗΣ-ΦΙΛΑΔΕΛΦΟΥ· Double corne d'abondance, ornée du bandeau royal. BMC.—. S. p. 69, 443. Comp. 334. Beau style. Très rare. F.D.C. |
| 1834 | 27.82 | AV 29 | Tête semblable d'Arsinoë II, d'un très haut relief; derrière, Κ (= *an 10* = *261*). Grènetis. R. Même légende et même type. Grènetis. BMC. p. 43, 10. S. p. 73, 475. Frappe merveilleusement bien centrée. F.D.C. |
| 1835 | 27.80 | AV 28 | Un deuxième exemplaire semblable. F. D. C. |
| 1836 | 33.78 | AR 36 | Même tête d'Arsinoë II; derrière, ⅄ (= Φ (?) = *an 21* = *250*). Grènetis. R. Même légende et même type. Grènetis. BMC. p. 44, 19 (?). S. p. 76, 512 (?). Superbe. |
| 1837 | 17.86 | AV 24 | Tête diadémée du roi à d., l'égide nouée autour du cou. Grènetis. R. ΠΤΟΛΕΜΑΙΟΥ-ΒΑΣΙΛΕΩΣ· Aigle debout à g. sur un foudre; devant, un bouclier ovale orné et Σ; entre les pattes de l'aigle, Ι (= *an 9* = *277*). Grènetis. BMC. p. 24, 4 sq. var. S. p. 85, 573. Comp. 331. F.D.C. |
| 1838 | 27.78 | AV 26 | ΑΔΕΛΦΩΝ· Bustes accolés et diadémés à d. de Ptolémée II (avec des favoris) et d'Arsinoë II voilée; derrière, un bouclier ovale. Grènetis. R. ΘΕΩΝ· Bustes accolés et diadémés à d., de Ptolémée I et Bérénice I voilée. Grènetis. BMC. p. 40, 20. S. p. 89, 603. Comp. 332. De toute beauté. — Vente Earle, Philadelphie 1912. — |
| 1839 | 13.87 | AV 21 | Même description. BMC. p. 40, 4. S. p. 90, 604. Comp. 333. Très rare. F. D. C. — Collection Sir H. Weber, Londres. — |
| 1840 | 14.32 | AR 27 | Tête diadémée du roi à d., l'égide nouée autour du cou. Grènetis. R. ΠΤΟΛΕΜΑΙΟΥ-ΣΩΤΗΡΟΣ. Aigle debout à g., sur un foudre. BMC.—. S. p. 128, 853. Superbe. — Pièce frappée à Chypre, entre 269 et 261. — — Vente Earle, Philadelphie 1912. — |
| | | | **Ptolémée III Evergète.** *246-221.* |
| 1841 | 35.50 | AR 34 | Tête voilée d'Arsinoë II à d., coiffée de la stéphané. Derrière, ΝΝ (= *an 37* = *234*). Grènetis. R. ΑΡΣΙΝΟΗΣ-ΦΙΛΑΔΕΛΦΟΥ· Double corne d'abondance, ornée du bandeau royal. BMC. p. 44, 27. S. p. 143, 948. Très beau. |
| 1842 | 35.31 | AR 33 | Tête semblable d'un très joli style. Derrière, ΨΨ (= *an 47* = *224*). Grènetis. R. Pareil au précédent. BMC.—. S. p. 144, 958. Comp. 337. Superbe. |
| 1843 | 42.73 | AV 33 | Buste voilé et diadémé de la reine Bérénice II à d. Grènetis. R. ΒΕΡΕΝΙΚΗΣ-ΒΑΣΙΛΙΣΣΗΣ· Corne d'abondance, remplie d'une grappe de raisin, épi de blé et grenade, ornée du bandeau royal; de part et d'autre, une étoile à six rayons; entre le bandeau et la corne, la lettre Ε· Grènetis. BMC.—. S. p. 148, 972. Comp. 340. De la plus grande rareté. Le plus bel exemplaire connu. F.D.C. — Coll. Consul Ed. F. Weber, Hambourg. Cat. Hirsch XXI, n° 4491. — |

| Nos | Poids | Métal et Module | |
|---|---|---|---|
| 1844 | 21.36 | AV 26.5 | Même description. BMC. p. 59, 1, var. S. p. 148, 973. Comp. 339. De la plus grande rareté et de toute beauté. — Collection Sir H. Weber, Londres. — |
| 1845 | 13.17 | AR 29 | Tête de Ptolémée I, diadémée à d., l'égide nouée autour du cou. Grènetis. ℟. ΓΤΟΛΕΜΑΙΟΥ ΣΩΤΗΡΟΣ· Aigle debout à g., sur un foudre. Dans le champ à g., une corne d'abondance, remplie de fruits. Grènetis. BMC. p. 65, 28. S. p. 156, 1001. De toute beauté. |
| 1846 | 13.79 | AR 28.5 | Un autre exemplaire d'un style différent. F. D. C. — Vente Earle, Philadelphie 1912. — |
| 1847 | 14.32 | AR 28 | Tête semblable, d'un style rude. Grènetis. ℟. Même légende et même type; à l'ex., ΓΒ (= *an 81* = *230*). BMC. p. 101, 12. S. p. 174, 1103. Superbe. |
| 1848 | 14.36 | AR 26 | Autre exemplaire semblable; dans le champ à g. du revers, ΓΔ (= *an 84* = *227*). BMC. p. 102, 14. S. p. 175, 1106. Très beau. |
| 1849 | 14.18 | AR 27 | Autre exemplaire semblable, d'un style plus soigné; dans le champ à g. du revers, ΓΗ (= *an 88* = *223*). BMC. p. 102, 16. S. p. 175, 1110. Superbe. |
| | | | **Ptolémée IV Philopator.** ***222-204.*** |
| 1850 | 34.78 | AR 35 | Buste diadémé et voilé de Bérénice II, reine de la Cyrénaïque, à d. Grènetis. ℟. ΒΕΡΕΝΙΚΗΣ-ΒΑΣΙΛΙΣΣΗΣ· Corne d'abondance remplie d'une grappe de raisin, d'une grenade et d'un épi de blé, et ornée du bandeau royal. Grènetis. BMC. p. 59, 2. S. p. 177, 1114. Comp. 341. De la plus grande rareté et d'une conservation tout à fait extraordinaire. — Cat. Hirsch XXXII, 595. — |
| 1851 | 27.78 | AV 26 | Buste radié et diadémé du roi à d., avec l'égide et un trident à l'épaule g. Grènetis. ℟. ΓΤΟΛΕΜΑΙΟΥ-ΒΑΣΙΛΕΩΣ· Corne d'abondance radiée remplie de fruits et ornée du bandeau royal. A d. de la corne d'abondance, ΔΙ· Grènetis. BMC. p. 56, 103. S. p. 178, 1117. Comp. 338. Très beau style. Très rare. Superbe. |
| 1852 | 14.23 | AR 27 | Bustes accolés de Zeus Sérapis lauré et d'Isis couronnée de lotus. Grènetis. ℟. ΓΤΟΛΕΜΑΙΟΥ ΒΑΣΙΛΕΩΣ· Aigle debout à g., sur un foudre, détournant la tête; à l'arrière-plan à d., une corne d'abondance ornée du bandeau royal; entre les pattes de l'aigle, ΔΙ· Grènetis. BMC. p. 79, 7. S. p. 179, 1123. Superbe. |
| 1853 | 27.75 | AV 25 | Buste voilé d'Arsinoë III, coiffée d'une stéphané; le bout du sceptre est visible au-dessus de la tête. Derrière, Λ (= *an 11* = *211*). Grènetis. ℟. ΑΡΣΙΝΟΗΣ-ΦΙΛΑΔΕΛΦΟΥ· Double corne d'abondance, remplie de fruits et ornée du bandeau royal. Grènetis. BMC. p. 43, 11. S. p. 188, 1165. Très rare. De toute beauté. — Collection Consul Ed. F. Weber, Hambourg. Cat. Hirsch XXI, no 4498, et Vente Earle, Philadelphie 1912. — |

| Nos | Poids | Métal et Module | |
|---|---|---|---|
| | | | **Ptolémée V Epiphane.** *204-180.* |
| 1854 | 7.02 | Æ 21 | Tête diadémée de Ptolémée I à d., l'égide nouée autour du cou. Grènetis. ℞. ΓΤΟΛΕΜΑΙοΥ ΒΑΣΙΛΕΩΣ · Aigle debout à g. sur un foudre. Entre les pattes, ΡΖ (= *an 107* = *204*). Grènetis. Superbe. |
| 1855 | 27.81 | AV 30 | Buste de Cléopâtre I, épouse de Ptolémée V, diadémée et voilée à d., coiffée d'une stéphané (comme Arsinoë II); le bout du sceptre est visible au-dessus de la tête. Derrière, Κ · Grènetis. ℞. ΑΡΣΙΝΟΗΣ-ΦΙΛΑΔΕΛΦοΥ· Double corne d'abondance, remplie de fruits et ornée du bandeau royal. Grènetis. BMC. p. 45, 36 sq. S. p. 204, 1242. Très haut relief. F.D.C. |
| 1856 | 13.15 | Æ 27 | Buste juvénile, diadémé de Ptolémée IV à d. Grènetis. ℞. ΓΤοΛΕΜΑΙοΥ-ΒΑΣΙΛΕΩΣ · Aigle debout à d., sur un foudre; entre les pattes, ΝΙ · BMC.—. S. p. 211, 1270. Très rare. Très beau. |
| | | | **Ptolémée VI Philométor.** *181-146.* |
| 1857 | 14.22 | Æ 27 | Tête de Ptolémée I, diadémée à d., l'égide nouée autour du cou. Grènetis. ℞. ΓΤοΛΕΜΑΙοΥ-ΒΑΣΙΛΕΩΣ · Aigle debout à g., sur un foudre. Devant, LΚΓ (= *an 23* = *158*); derrière, ΓΑ · (atelier de *Paphos*). BMC. p. 83, 37. S. p. 238, 1435. Superbe. |
| | | | **Ptolémée VIII (Evergète II).** *146-116.* |
| 1858 | 14.22 | Æ 27 | Tête diadémée de Ptolémée I à d., l'égide nouée autour du cou. ℞. ΓΤοΛΕΜΑΙοΥ-ΒΑΣΙΛΕΩΣ · Aigle debout à g. sur un foudre. Grènetis. BMC. p. 100, 6. S. p. 245, 1489. Superbe. |
| 1859 | 6.50 | Æ 22 | Même description. BMC. p. 102, 19, sq., var. S. p. 245, 1490. Très rare. Superbe. |
| 1860 | 14.02 | AV 21,5 | Buste voilé de Cléopâtre III, épouse de Ptolémée VIII, à d., coiffée d'une stéphané; le bout du sceptre est visible au-dessus de la tête. Derrière, Κ · Grènetis. ℞. ΑΡΣΙΝοΗΣ-ΦΙΛΑΔΕΛΦοΥ · Double corne d'abondance, remplie de fruits et ornée du bandeau royal. Grènetis. BMC. p. 45, 40. S. p. 247, 1500. Comp. 335. Très joli style. Extrêmement rare. Petit coup de cisaille. F.D.C. — Collection Sir H. Weber, Londres. — |
| 1861 | 13.97 | Æ 26,5 | Tête de Ptolémée I, diadémée à d., l'égide nouée autour du cou. Grènetis. ℞. ΓΤοΛΕΜΑΙοΥ-ΒΑΣΙΛΕΩΣ · Aigle debout à g., sur un foudre; dans le champ à g., ΑΝ (= *an 50* — *120*); à d., ΓΑ (atelier de *Paphos*). BMC. p. 80, 14/15, var. S. p. 251, 1524. T.B. |
| 1862 | 14.17 | Æ 25 | Droit semblable. ℞. Même légende et type d'aigle semblable, un sceptre posé contre son aile d. Dans le champ à g., LΛΗ (= *an 38* = *132*) et sigle; à d., ΚΙ (atelier de *Citium*). BMC. p. 92, 51. S. p. 258, 1597. T.B. |
| | | | **Ptolémée XI (Alexandre IV).** *107-101.* |
| 1863 | 13.64 | Æ 24 | Tête diadémée de Ptolémée I à d., l'égide nouée autour du cou. ℞. ΓΤΟΛΕΜΑΙοΥ-ΒΑΣΙΛΕΩΣ · Aigle debout à g. sur un foudre. Dans le champ à g., LΙΑ \| Η (= *an 11 et 8* = *106*); à d., ΓΑ (atelier de *Paphos*). BMC. p. 112, 18. S. p. 284, 1727. Superbe. |

| Nos | Poids | Métal et Module | |
|---|---|---|---|
| | | | **Ptolémée XIII** (Neos Dionysos) **Aulètes.** *80-58 et 55-51.* |
| 1864 | 14.15 | Æ 26 | Tête du roi à d., diadémée, l'égide nouée autour du cou. ℞. **ΠΤΟΛΕΜΑΙΟΥ-ΒΑΣΙΛΕΩΣ·** Aigle debout à g., sur un foudre. Dans le champ à d., coiffure d'Isis ; au-dessus, **LKH** (= *an 28* = *53*) ; à d., **ΠΑ** (atelier de *Paphos*). BMC. p. 116, 32. S. p. 302, 1837. Superbe. |
| | | | **CYRÉNAÏQUE** |
| | | | **Cyrène.** |
| 1865 | 15.63 | Æ 23 | *530-480.* Tige de silphium avec deux rangs de larges feuilles palmées et trois ombelles; de chaque côté, graine de silphium avec sa gousse ouverte. ℞. Graine de silphium environnée de sa gousse ouverte et accostée de deux dauphins. Carré creux, les coins ornés de fleurons. Muller I, p. 11, 21. Bab. pl. 64, 1, var. Comp. 342. Très rare. Beau. — Cat. Hirsch XXXII, no 598. — |
| 1866 | 16.74 | Æ 26 | *480-401.* Silphium. ℞. **ϘΥΝ** (?). Tête laurée de Zeus Ammon, à d., la barbe striée; les cheveux forment une houppe nattée sur le front et sont relevés derrière. Grènetis. M. p. 43, 119 sq. Bab. pl. 263, 5. Comp. 343. Beau style archaïque de transition. Très rare. T.B. |
| 1867 | 3.30 | Æ 15 | Même droit. ℞. **Κ-Υ-Ρ-Α·** Tête barbue de Zeus Ammon à d.; grènetis circulaire autour de la tête. Le tout dans un carré creux. M. p. 42, 117. Bab. pl. 263, 16. Superbe. |
| 1868 | 13.47 | Æ 25 | *401-323.* Tête barbue de Zeus Ammon à d. Champ concave. ℞. **Κ-Υ.** \| **Ρ-Α** \| **Ν-ΑΙ·** Silphium. M. p. 43, 127, var. Bab. pl. 264, 5. Superbe. — Coll. H. Montagu, no 441, et F. S. Benson, no 786. — |
| 1869 | 12.87 | Æ 27 | Tête barbue de Zeus Ammon à g., d'un style superbe. Derrière, nom de mag., [**ΑΡΙΣ**]**ΤΟΜΗΔΕΟΣ·** ℞. Semblable au précédent. Carré creux. M. I, p. 44, 140. Bab. pl. 264, 9. Comp. 346. Très rare. Superbe. |
| 1870 | 8.60 | AV 20 | *431-323.* **ΚΥΡΑΝΑΙ-ΟΝ·** La nymphe Cyrène dans un quadrige au trot, à d. Au-dessous, le soleil rayonnant. Cercle linéaire. ℞. Zeus, à demi nu, assis à g., tenant l'aigle sur sa main d., et appuyant le bras g. sur le dossier du trône. Devant lui, un thymiatérion; derrière lui, nom de mag., **ΣΟΙϘΙΑΧ·** Grènetis. M.—. Bab. pl. 264, 19. Comp. 344. Très beau. |
| 1871 | 8.62 | AV 19 | **ΚΥΡΑΝΑΙΟΝ·** Niké conduisant un quadrige au trot à d. Cercle linéaire. ℞. Zeus, à demi nu, debout à g., tenant de la main d. une patère, et s'appuyant de la main g. sur le sceptre. Devant lui, le thymiatérion. Grènetis. M. I, p. 49, 192. Bab. pl. 265, 2. Comp. 345. Superbe. |
| 1872 | 4.28 | AV 15,5 | Cavalier, la chlamyde sur les épaules, le pétase rejeté sur la nuque, allant au pas à g. ℞. **Κ-Υ** \| **Ρ-Α·** Silphium. Cercle linéaire et creux. M. I, p. 50, 197. Bab. pl. 265, 10. Superbe. |
| 1873 | 4.18 | AV 15 | **ΚΥΡΑ-Ν·** Cavalier, la chlamyde sur les épaules, au pas à d. ℞. Silphium; dans le champ, nom de mag., **Κ-Υ** \| **Δ-Ι** \| **Ο-Σ·** Grènetis et cercle creux. M. I, p. 51, 201. Bab. pl. 265, 14. T.B. |

| Nos | Poids | Métal et Module | |
|---|---|---|---|
| 1874 | 2.70 | $AV^{13}$ | Cavalier, la chlamyde sur les épaules, le pétase rejeté sur la nuque, au pas à g. Derrière, en haut, un astre. Cercle linéaire. ℞. ΚΥΡΑ· Silphium; dans le champ à d., Σ· M. I, p. 51, 208. Bab. pl. 265, 20. Superbe. |
| 1875 | 0.87 | $AV^{7.5}$ | ΚΥ· Tête barbue de Zeus Ammon à g. Grènetis. ℞. Tête de la nymphe Cyrène à d., les cheveux retroussés, collier autour du cou; à d. et à g., Γ-Ο· M. I, p. 52, 214. Bab. pl. 266, 4. T.B. — Collection W. A. Colgate, Londres. — |
| 1876 | 0.85 | $AV^{8}$ | Θ-ΕΥ (Θευφείδευς). Tête imberbe, cornue, d'Apollon Karneïos à g. Cercle linéaire. ℞. Tête de la nymphe Cyrène, comme ci-dessus. Cercle linéaire. M. I, p. 25, 66. Bab. pl. 266, 10. T.B. |
| 1877 | 0.83 | $AV^{8}$ | ΟΛ· Même tête d'Apollon Karneïos. ℞. Même tête de nymphe. M.—. Bab. III, p. 1083, 1878, var. T.B. |
| 1878 | 14.23 | $AR^{27}$ | Tête barbue de Zeus Ammon à d. (très beau style). ℞. ΚΥ-ΡΗ· Silphium; à g., le monogr., ΙΚΡ; à d., ΚΕ et au-dessous, un crabe. M.—. Bab. pl. 266, 19. Très rare. T.B. — Cat. Hirsch XXXII, n° 604. — |
| 1879 | 7.49 | $AR^{24}$ | *323-285* (*La satrapie de Ptolémée*). Tête imberbe cornue d'Apollon Karneïos, à g. ℞. Κ·Υ-ΡΑ· Silphium; en haut à g., ΣΣ; à d., une étoile à huit rayons. M. I, p. 46, 156. Bab. pl. 266, 26. T.B. |
| 1880 | 7.41 | $AR^{20}$ | Tête semblable à d. ℞. Semblable au précédent; monogr. à g., ΣΤ; à d., un crabe. M. I, p. 46, 162. Bab. p. 1090, n° 1892. T.B. |
| 1881 | 6.85 | $AR^{19}$ | Tête d'Apollon laurée à d. ℞. ΚΥ-ΡΑ (en haut). Silphium; en bas à g., monogr., ΚΕ; à d., un crabe. M. I, p. 48, 181, var. Bab. pl. 267, 14, var. (III, p. 1094, 1907). Superbe. — Collection Paul Mathey, Paris. — |
| | | | **Evespéris.** |
| 1882 | 3.25 | $AR^{16}$ | *450-401.* Silphium. ℞. Ε-Υ-Ε-Σ· Tête barbue de Zeus Ammon à d., avec des cornes de bélier, entourée d'un grènetis circulaire. Carré creux. M. I, p. 88, 332. Bab. pl. 270, 19. Très rare. T.B. |
| | | | **NUMIDIE** |
| | | | **Micipsa et ses frères.** ***148-118.*** |
| 1883 | 6.72 | $AR^{21}$ | Tête imberbe, nue, à g., les cheveux courts bouclés (Masinissa ou Juba, fils d'Héraclès). Grènetis. ℞. Cheval libre au repos à d. A l'arrière-plan, un palmier. Cercle linéaire. Muller II, p. 16, 8. T.B. |
| 1884 | 6.04 | $AR^{22.5}$ | Tête semblable d'un style différent. Grènetis. ℞. Semblable au précédent. Sous le ventre du cheval. Η (1)· M. II, p. 16, 10. T.B. — Pièce trouvée à Valence (Espagne) 1912. — |

| Nos | Poids | Métal et Module | |
|---|---|---|---|
| 1885 | 14.76 | AR 27 | Tête barbue et laurée d'Héraclès (Melkart) à g.; une massue est posée sur l'épaule d. Grènetis. ℞. Eléphant marchant à d.; sur son dos, un cornac, revêtu d'un long manteau et tenant de la main d. une matraque. Grènetis et champ concave. M. II, p. 17, 16. Comp. 360. Extrêmement rare. Très beau. — Pièce trouvée en Espagne. — |
| | | | **Jugurtha.** *118-106.* |
| 1886 | 6.59 | AR 21 | Tête imberbe du roi à g., ceinte d'un laurier entrelacé d'un diadème, et ayant des favoris. Grènetis. ℞. Eléphant marchant à d. A l'ex., ✠ (א)· Cercle linéaire. M. II, p. 34, 43. De toute beauté. |
| | | | **Hiempsal II.** *106-60.* |
| 1887 | 2.91 | AR 16.5 | Tête virile imberbe à d., couronnée d'épis. ℞. ⵄ (ה)· Cheval au galop à d. Couronne de laurier au pourtour. M. II, p. 38, 45. T. B. |
| | | | **Juba I.** *60-46.* |
| 1888 | 4.14 | AR 17.5 | **REX IVBA**· Buste barbu, diadémé et cuirassé du roi à d., le sceptre posé à l'épaule d. Grènetis. ℞. יובעי (Yubaï = Juba) (à g.) הממלכת (Hammamleket = rex) (à d.). Temple à huit colonnes. M. II, p. 42, 50. Superbe. — Collection R. Allatini, Londres. — |
| | | | MAURITANIE |
| | | | **Juba II.** *25 av. J.-C. - 23 apr. J.-C.* |
| 1889 | 2.78 | AR 17 | **REX IVBA**· Sa tête diadémée à d. Grènetis. ℞. Tête d'Afrique à d., coiffée de la peau d'éléphant. Devant, un épi de blé; derrière, deux javelots. Grènetis. Muller II, p. 103, 18/19, var. Superbe. |
| 1890 | 3.08 | AR 16.5 | Même droit. ℞. Eléphant marchant à d. Grènetis. M. II, p. 103, 20. Superbe. |
| 1891 | 3.08 | AR 19 | Même droit. ℞. Corne d'abondance, ornée de bandelettes pendantes. Grènetis. M. II, p. 103, 23, var. Superbe. |
| 1892 | 2.87 | AR 18 | **REX IVBA**· Tête imberbe du roi, coiffée de la peau de lion; la massue dépasse derrière l'épaule g. Grènetis. ℞. **Є-T \| A-M**· Corne d'abondance avec des bandelettes pendantes et un trident en sautoir. Grènetis. M.—, cf. M. II, p. 103, 26 et 29. Superbe. |
| 1893 | 2.58 | AR 20 | Même droit. ℞. **RXXXXII**· Peau de lion suspendue sur une massue, entre un arc et une flèche. Grènetis. M.—, cf. M. II, p. 104, 34. F. D. C. |
| 1894 | 2.99 | AR 20 | **REX IVBA**· Tête diadémée du roi à d. Grènetis. ℞. **RXXXIIII**· Croissant surmonté d'un astre à six rayons. Grènetis. M. II, p. 104, 43. Superbe. |

| Nos | Poids | Métal et Module | |
|---|---|---|---|
| 1895 | 2.83 | Æ 17.5 | **REX IVBA**· Tête imberbe du roi à d., coiffée de la peau de lion; la massue dépasse derrière l'épaule g. Grènetis. ℞. **CAES \| AREA \| RXXXXI**, dans une couronne de chêne. Grènetis. M. II, p 105, 53. Superbe. |
| 1896 | 2.93 | Æ 18 | **REX IVBA**· Tête diadémée du roi à d. Grènetis. ℞. Aigle, les ailes éployées, debout à d. sur un foudre; un sceptre posé contre son aile g. Grènetis. M.—, cf. M. II, p. 106, 57. Superbe. |
| 1897 | 2.63 | Æ 18 | **REX IVBA**· Tête du roi à d., coiffée de la peau de lion; la massue dépasse derrière l'épaule g. Grènetis. ℞. **RXXXXI**· Capricorne héraldique à d. (comme sur les monnaies d'Auguste). Sur son dos, une corne d'abondance; entre les pieds de devant, un globe et un gouvernail dépasse derrière le pied d. Grènetis. M. II, p. 106, 59, var. Superbe. |
| 1898 | 3.01 | Æ 18 | **REX IVBA**· Tête diadémée du roi à d. ℞. **ΚΛΕΟΠΑΤΡΑ-ΒΑϹΙΛΙϹϹΑ**· Buste de Cléopâtre Sélène diadémée à g., les cheveux relevés. Grènetis. M. II, p. 108, 84. Superbe. |
| 1899 | 2.85 | Æ 19 | Même droit. ℞. Même légende. La coiffure d'Isis sur un croissant. Grènetis. M. II, p. 108, 89. Superbe. |
| 1900 | 3.28 | Æ 18 | Même droit. ℞. Même légende autrement disposée. Coiffure d'Isis et sistrum. Grènetis. M. II, p. 108, 90. Superbe. |
| 1901 | 2.90 | Æ 18 | Même droit. ℞. Même légende. Crocodile. M. III (suppl.) p. 74, 92a. Superbe. |
| 1902 | 2.84 | Æ 18 | Même droit. ℞. Même légende. Croissant surmonté d'un astre à six rayons. M. II, p. 109, 95. Superbe. |
| 1903 | 2.83 | Æ 17 | **REX IVBA**· Tête du roi à d., coiffée de la peau de lion; la massue dépasse derrière l'épaule g. Grènetis. ℞. **RXXXXII**· La vache sacrée debout à d., la tête surmontée de la coiffure d'Isis. Grènetis. Cf. M. III, p. 74, 103. Très rare. Superbe. |

## INCERTAINES D'EUROPE ET D'ASIE

| Nos | Poids | Métal et Module | |
|---|---|---|---|
| 1904 | 0.43 | Æ 7 | *Ve siècle.* Astre à six rayons. ℞. Casque à nasal à d. Carré creux. Imh. Monn. Gr. p. 463, 22. T.B. |
| 1905 | 3.38 | Æ 16 | Vase à une anse. Depart et d'autre, en bas, une étoile à huit rayons. ℞. Carré creux irrégulier, plat. BMC., Bab. etc. —. T.B. |
| 1906 | 0.29 | Æ 8 | Tête de lion à d., la gueule béante. Grènetis. ℞. Etoile à seize rayons. Champ concave. (Gambrium (?), cf. BMC. Mysie, pl. XV.) T.B. |
| 1907 | —.— | Æ | Lot. Hémiobole de Træzène, hémidrachme de Leucas, diobole de Clazomène. A.B. 3. |
| 1908 | —.— | Æ | Lot de drachmes parthes de Mithradate II (BMC. 31, 102, 114), Sinatruce (BMC. 1), Phraate III (BMC. 55), Orode I (BMC. 93, 184, 189), Phraate IV (BMC. 90), Phraate IV et Musa (BMC. 25), Vonones I (BMC. 6), Vardanes I (BMC. 30), Vologase I (BMC. 66), Pacorus II (BMC. 46), Mithradate IV (BMC. 1, 2 exempl.), Vologase IV (BMC. 17), Vologase V (BMC. 19), Artabane V (BMC. 1, 9, 17). Superbes et très beaux. 21. |
| 1909 | —.— | AV | Lot de trois statères d'or des dynasties Indo-Scythiques. T.B. 3. |

# INDEX

Les chiffres renvoient aux numéros d'ordre des monnaies.

## AVIS

A l'exception des lots comprenant plusieurs monnaies sous un même numéro, toutes les pièces du présent catalogue ont été reproduites sur les planches 38 à 68.

*Imprimerie Henri Jarrys, Treille, 4 - Genève.*

1095
1084
1093
1085
1096
1086
1097
1098
1087
1099
1103
1092
1100
1088
1083
1104
1105
1102
1101
1089
1109
1110
1091
1111
1106
1107
1112
1113
1090
1108
1114
1115
1094
1116

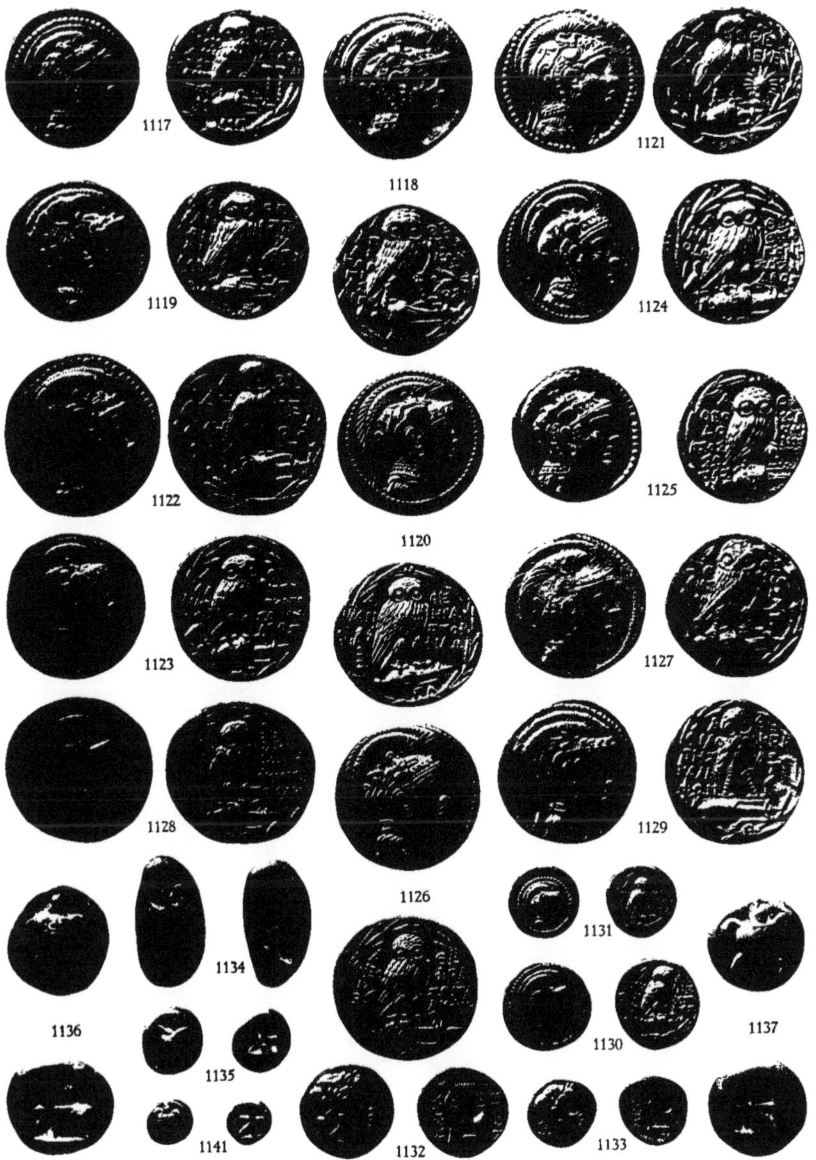
1117
1118
1121
1119
1124
1122
1120
1125
1123
1127
1128
1126
1129
1131
1134
1136
1130
1137
1135
1141
1132
1133

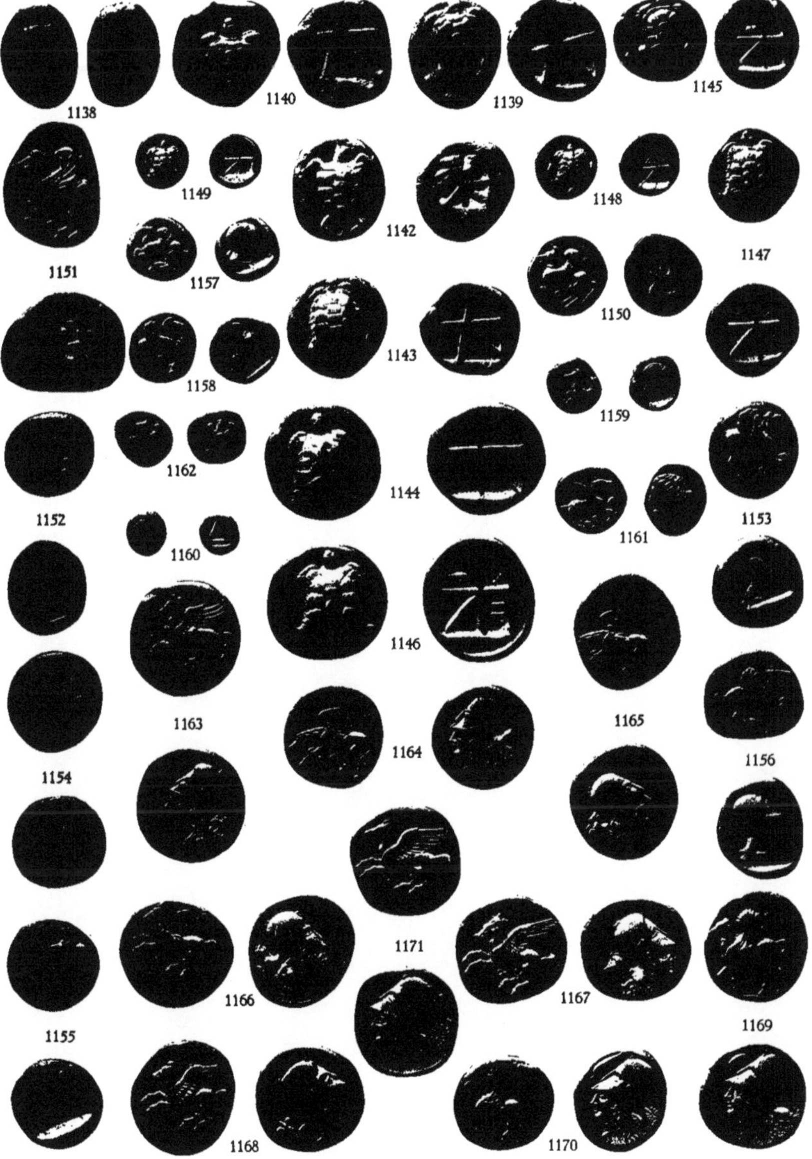
1138
1140
1139
1145
1149
1142
1148
1151
1157
1147
1150
1158
1143
1159
1162
1144
1152
1161
1153
1160
1146
1163
1164
1165
1156
1154
1171
1166
1167
1155
1169
1168
1170

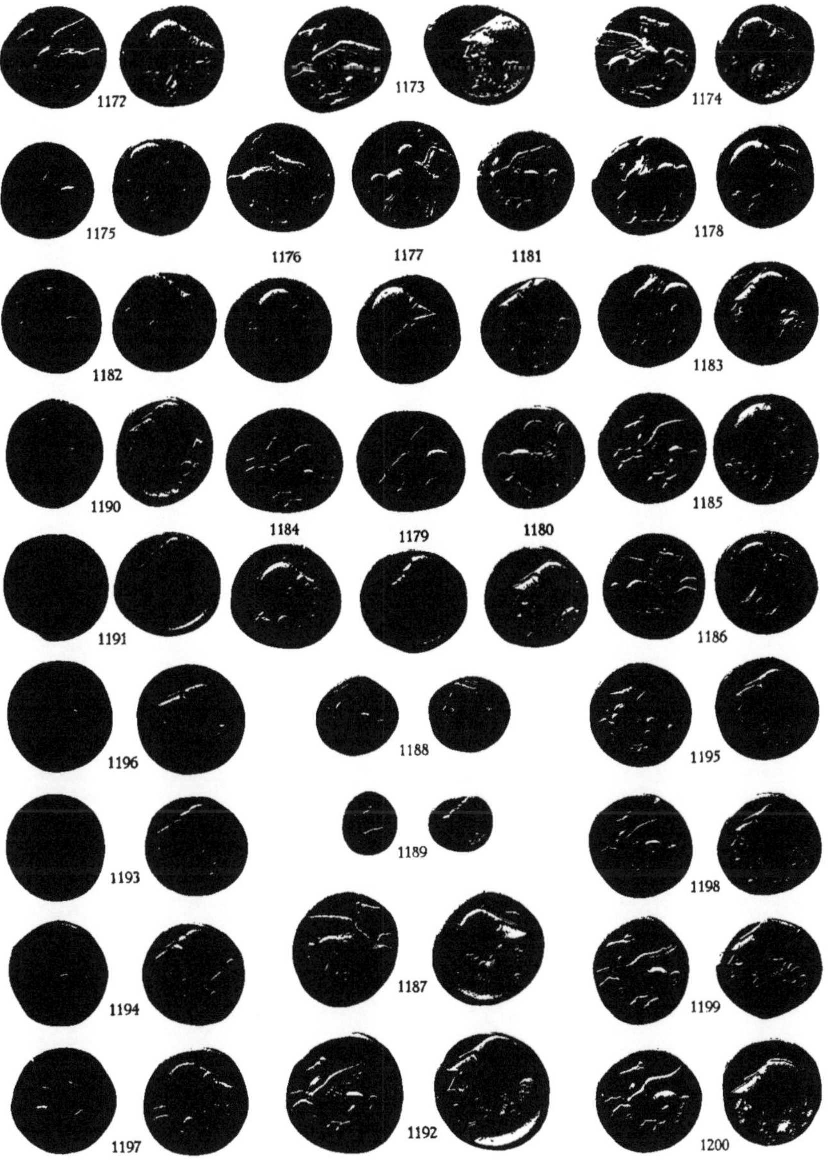
1172
1173
1174
1175
1176
1177
1181
1178
1182
1183
1190
1184
1179
1180
1185
1191
1186
1196
1188
1195
1193
1189
1198
1194
1187
1199
1197
1192
1200

1203
1202
1204
1201
1206
1205
1207
1208
1209
1210
1211
1212
1213
1214
1215
1219
1218
1217
1216
1220
1226
1225
1238
1228
1221
1227
1229
1224
1222
1223
1237
1231
1239
1230
1240
1232
1241
1233

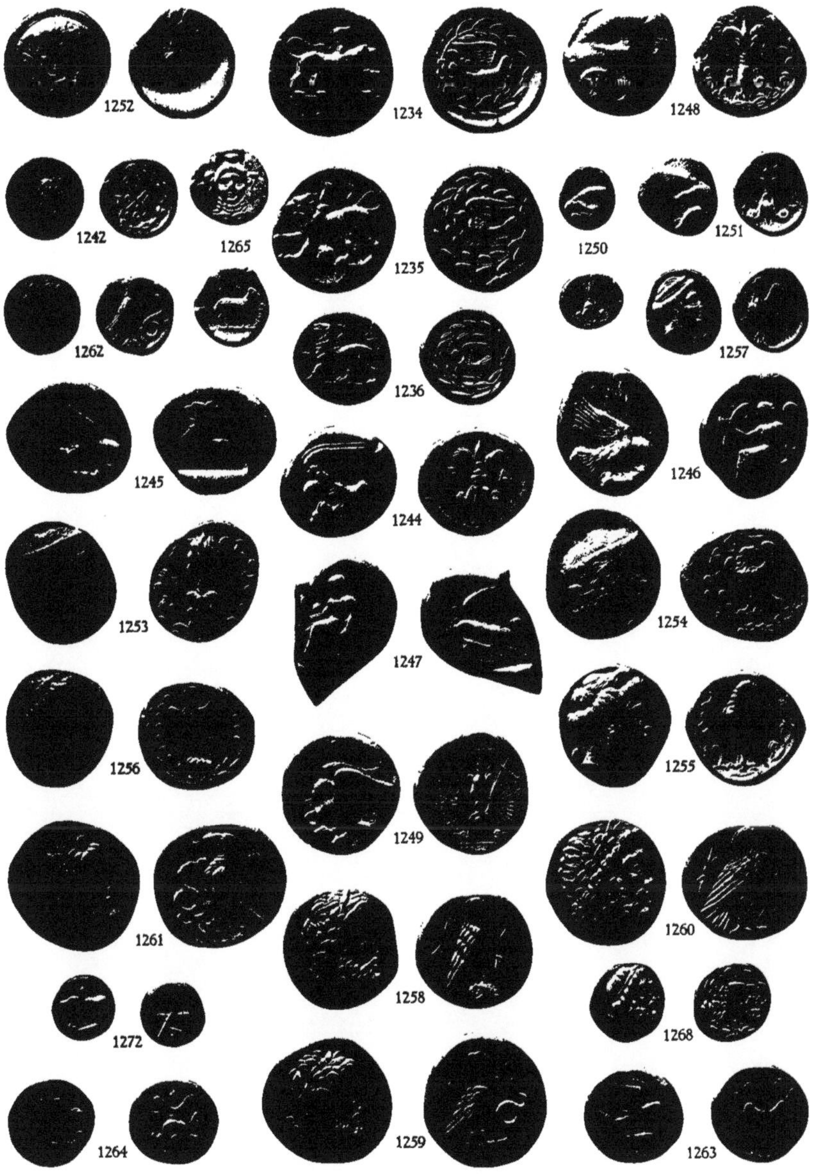
1252
1234
1248
1242
1265
1235
1250
1251
1262
1257
1236
1245
1244
1246
1253
1247
1254
1256
1249
1255
1261
1260
1258
1272
1268
1264
1259
1263

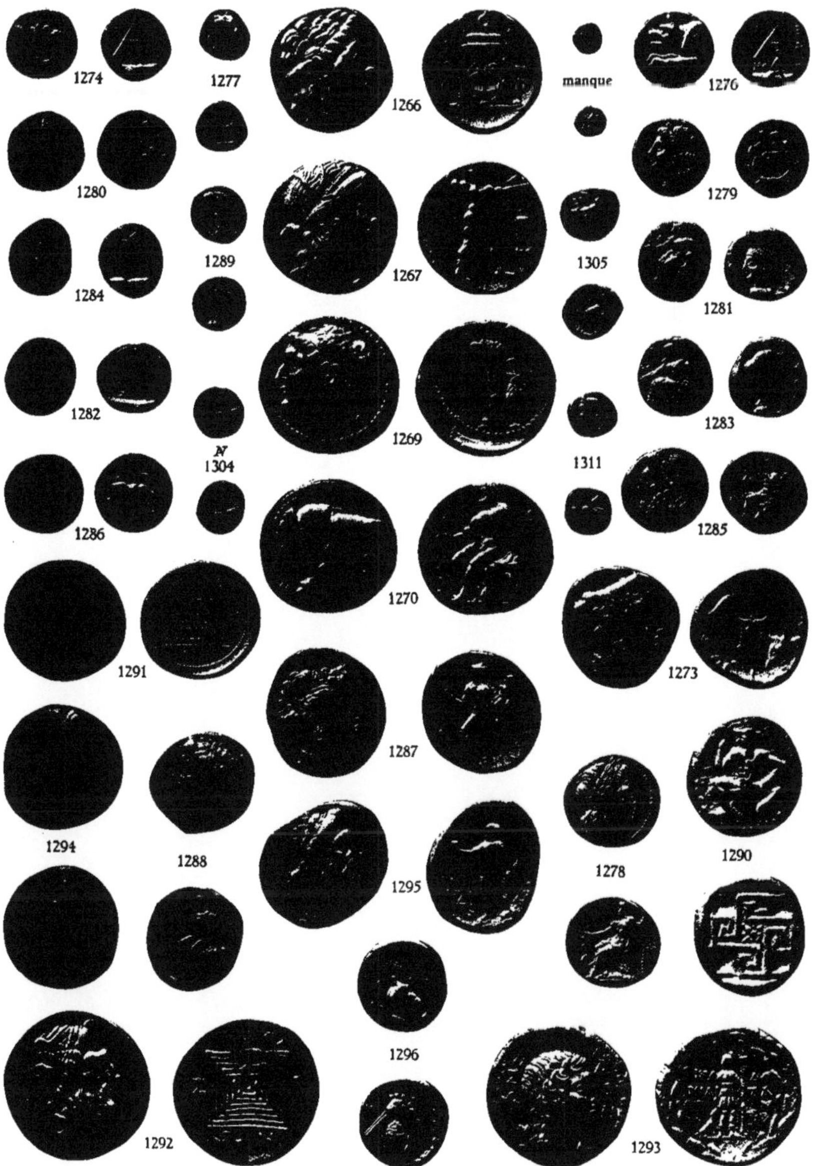
1274
1277
1266
manque
1276
1280
1279
1289
1267
1305
1284
1281
1282
1269
1283
N
1304
1311
1286
1285
1270
1291
1273
1287
1294
1288
1290
1278
1295
1296
1292
1293

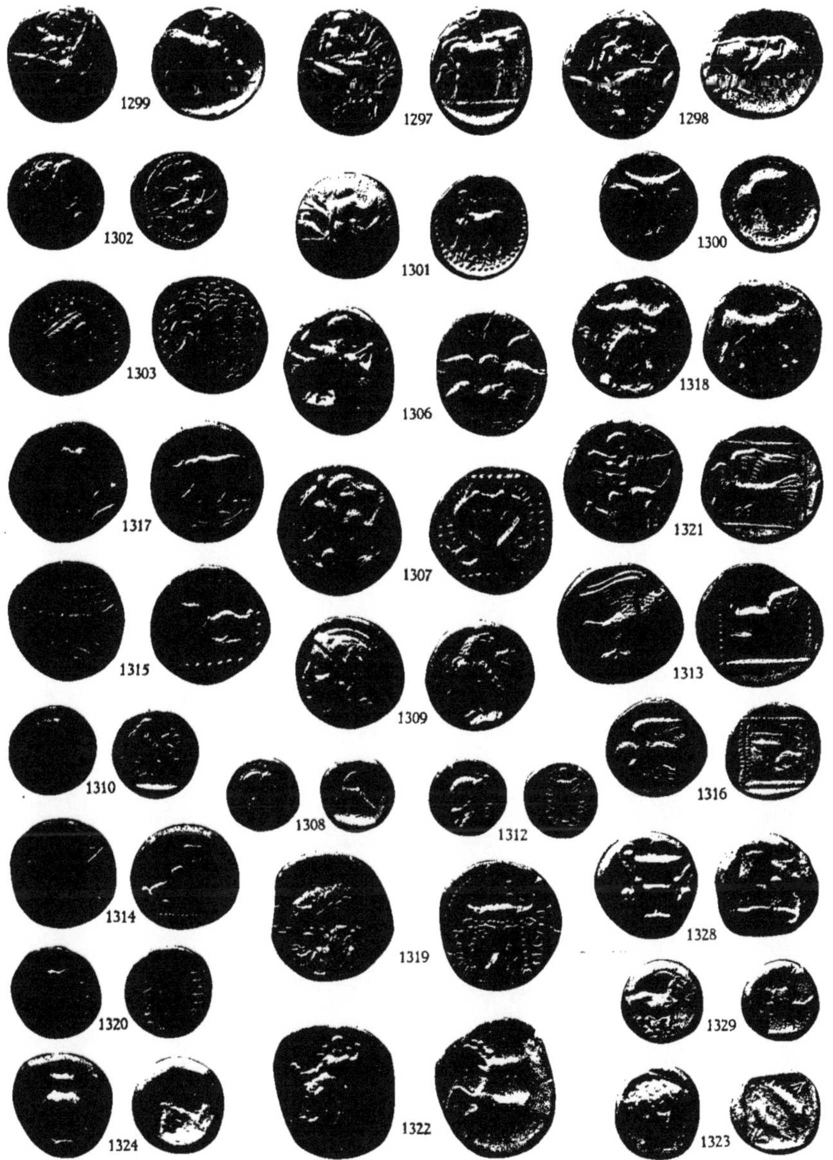
1299
1297
1298
1302
1301
1300
1303
1306
1318
1317
1307
1321
1315
1309
1313
1310
1308
1312
1316
1314
1319
1328
1320
1329
1324
1322
1323

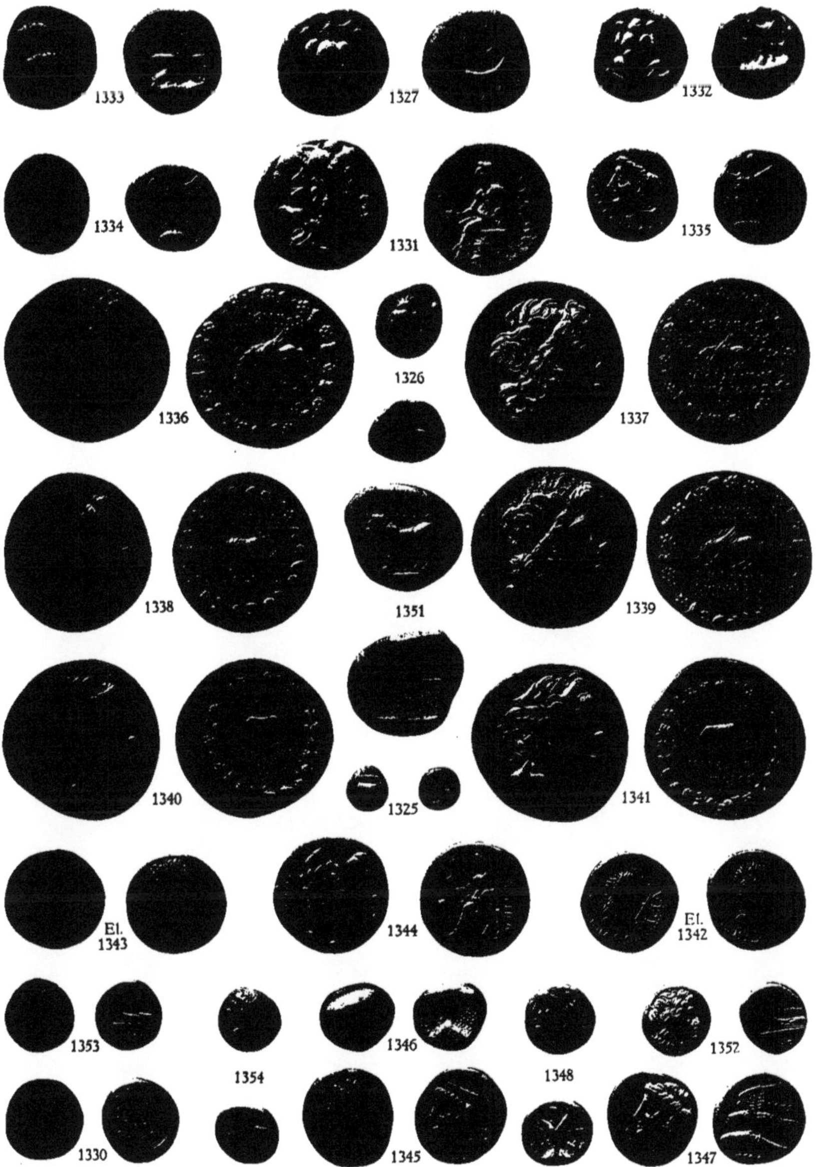
1333
1327
1332
1334
1331
1335
1326
1336
1337
1338
1351
1339
1340
1325
1341
El.
1343
1344
El.
1342
1353
1346
1352
1354
1348
1330
1345
1347

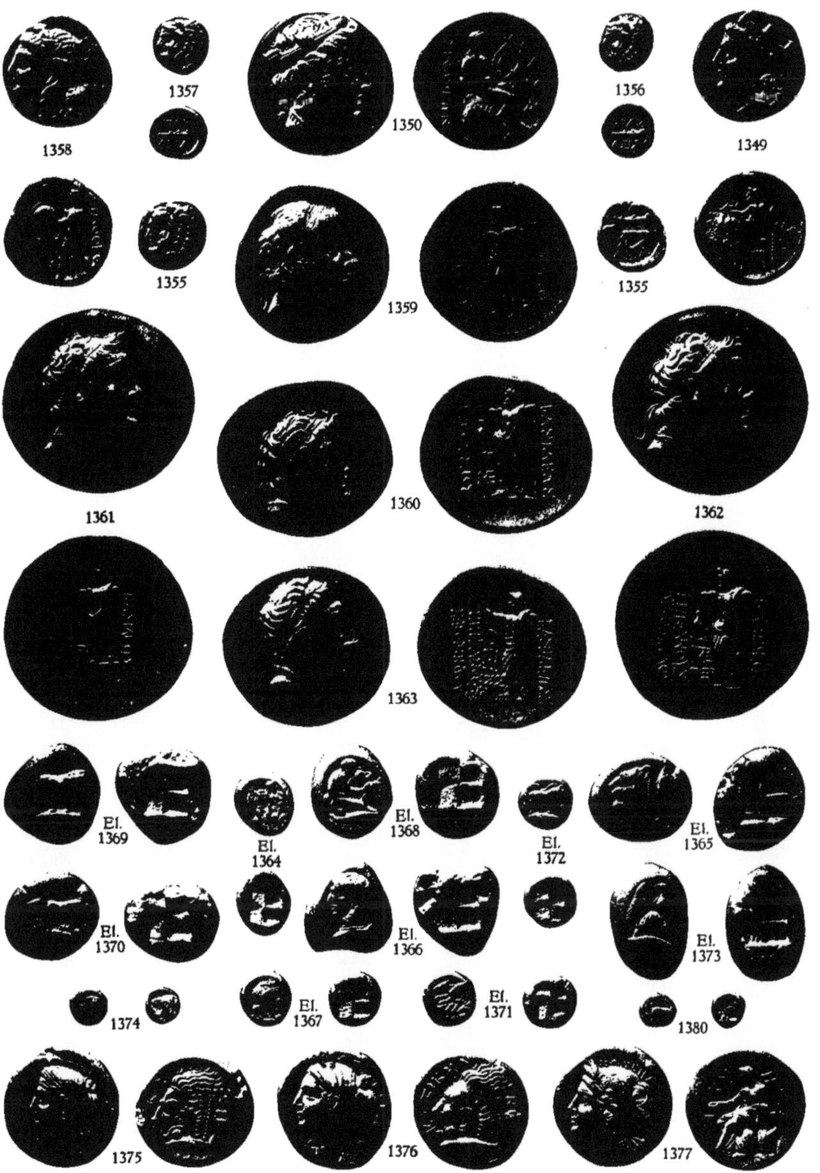
1357
1358
1350
1356
1349
1355
1359
1355
1361
1360
1362
1363
El.
1369
El.
1364
El.
1368
El.
1372
El.
1365
El.
1370
El.
1366
El.
1373
1374
El.
1367
El.
1371
1380
1375
1376
1377

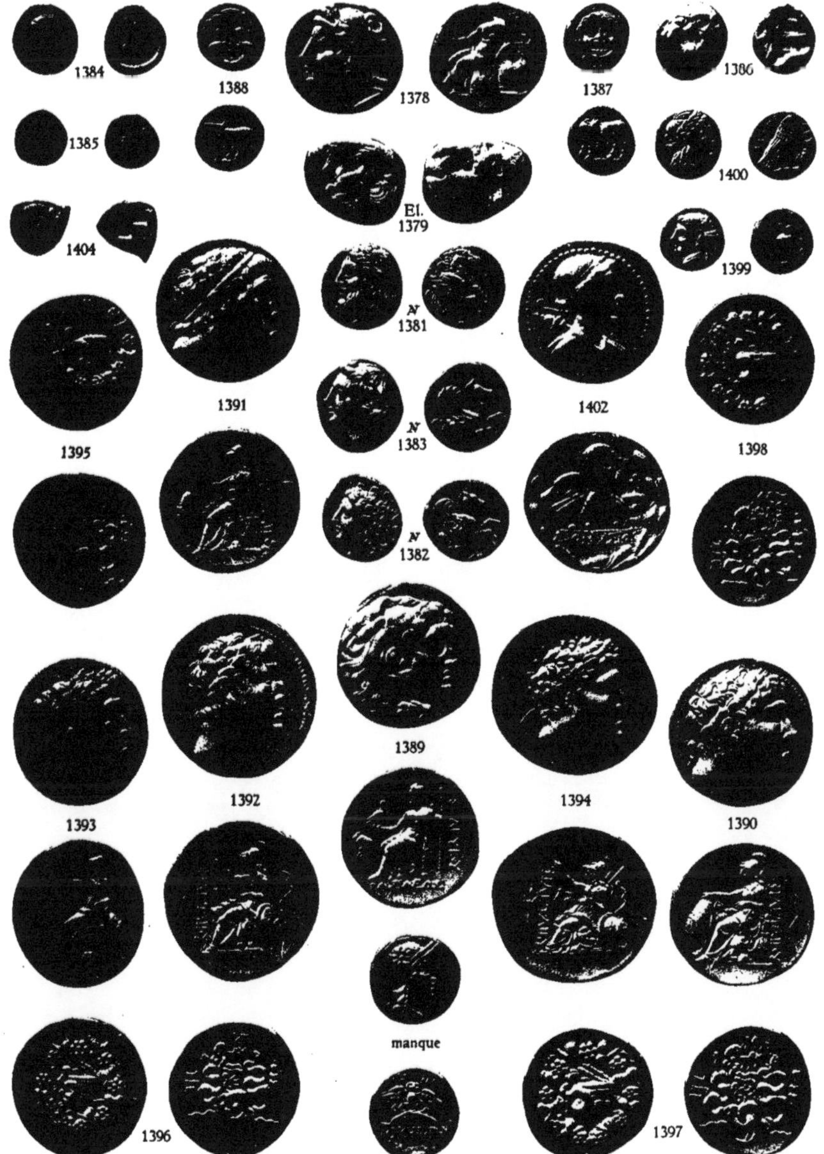
1384
1388
1378
1387
1386
1385
1400
El.
1379
1404
1399
AV
1381
1391
1402
1395
AV
1383
1398
AV
1382
1389
1392
1394
1393
1390
manque
1396
1397

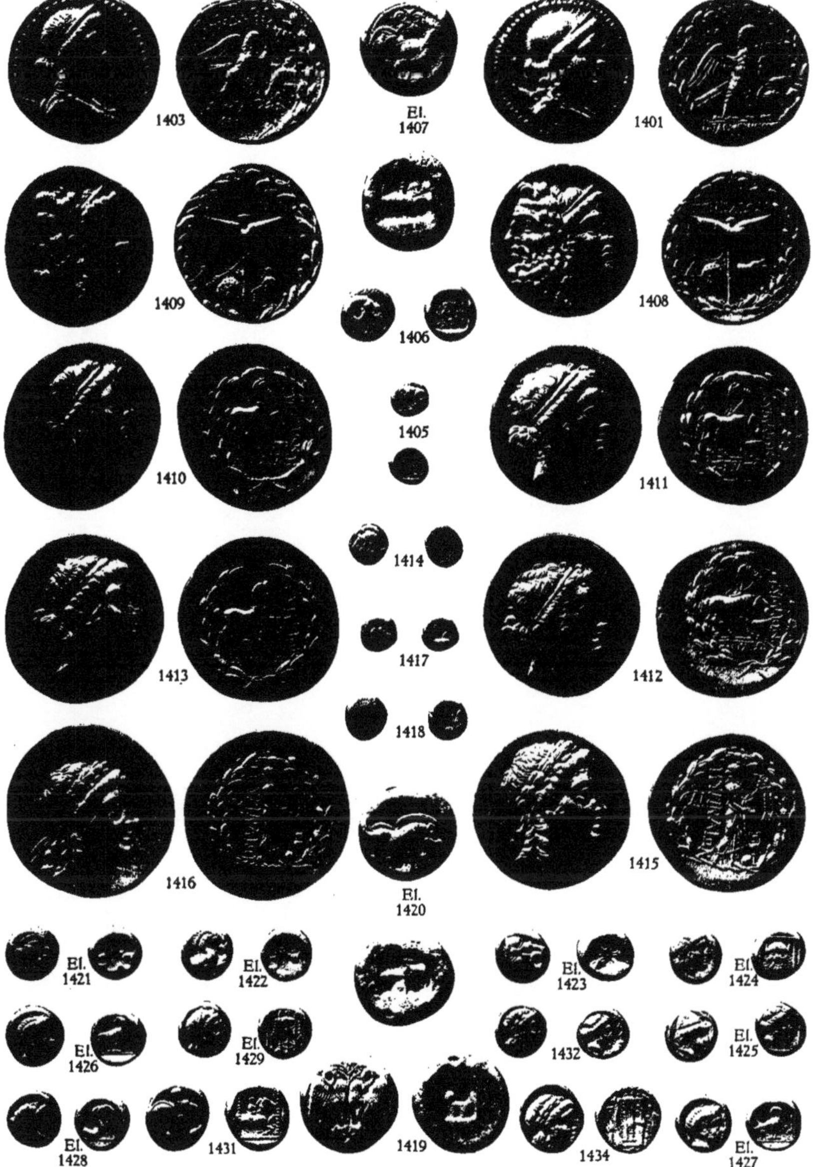
1403
El.
1407
1401
1409
1408
1406
1405
1410
1411
1414
1417
1413
1412
1418
1416
El.
1420
1415
El.
1421
El.
1422
El.
1423
El.
1424
El.
1426
El.
1429
1432
El.
1425
El.
1428
1431
1419
1434
El.
1427

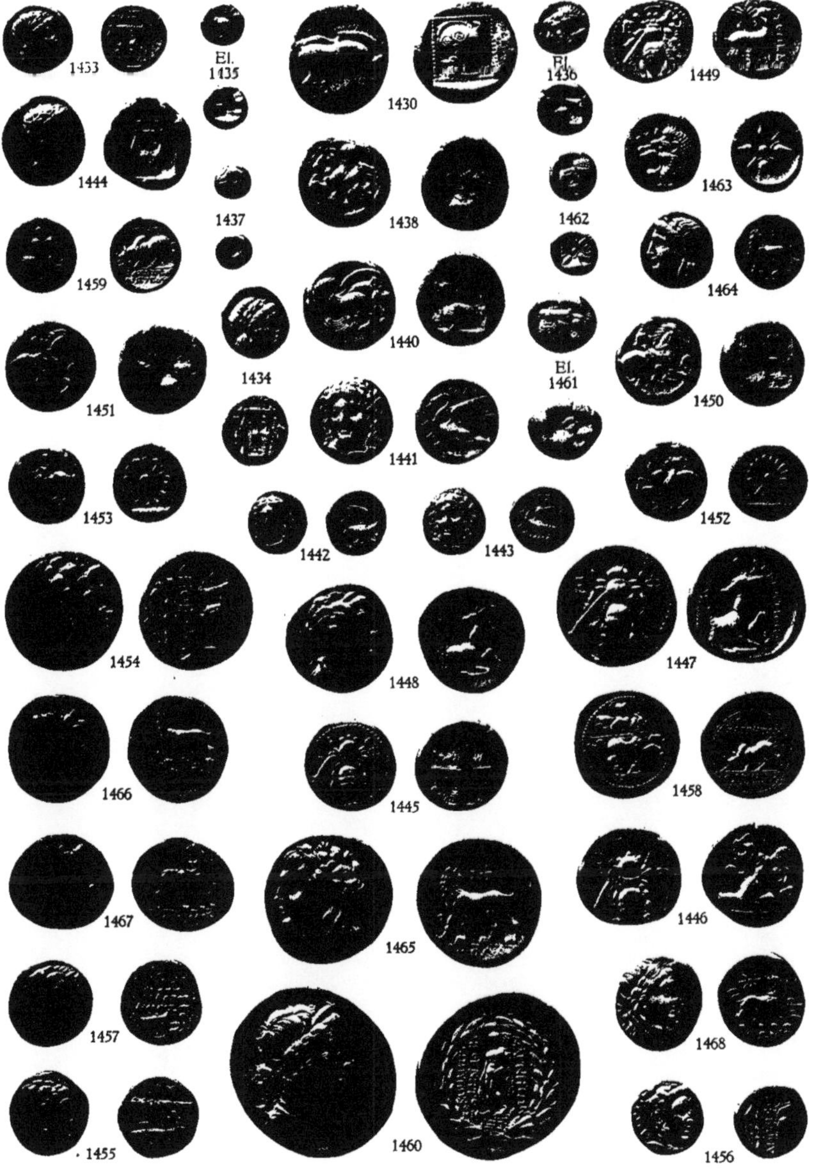
1433
El.
1435
1430
El.
1436
1449
1444
1437
1438
1462
1463
1459
1464
1434
1440
El.
1461
1451
1450
1441
1453
1442
1443
1452
1454
1448
1447
1466
1445
1458
1467
1465
1446
1457
1468
1455
1460
1456

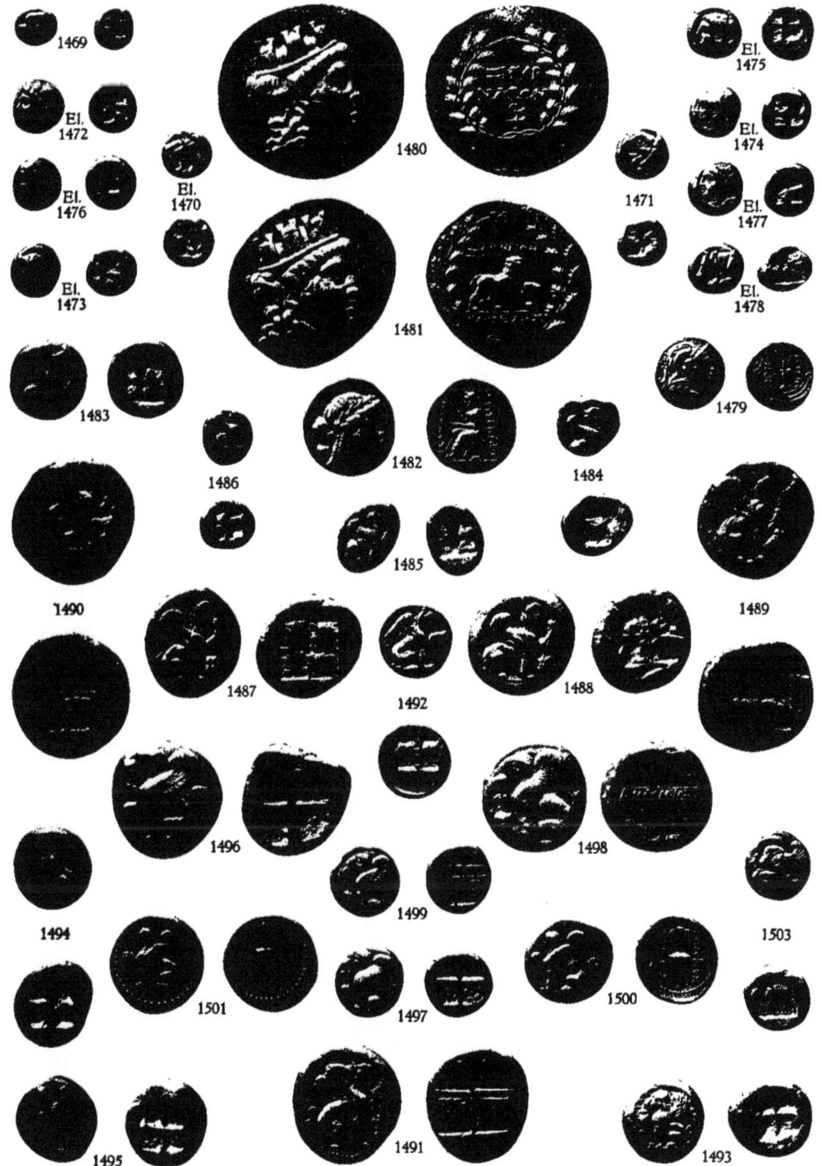
1469
El. 1475
El. 1472
1480
El. 1474
El. 1476
El. 1470
1471
El. 1477
El. 1473
El. 1478
1481
1483
1479
1486
1482
1484
1485
1490
1489
1487
1492
1488
1496
1498
1499
1494
1503
1501
1497
1500
1495
1491
1493

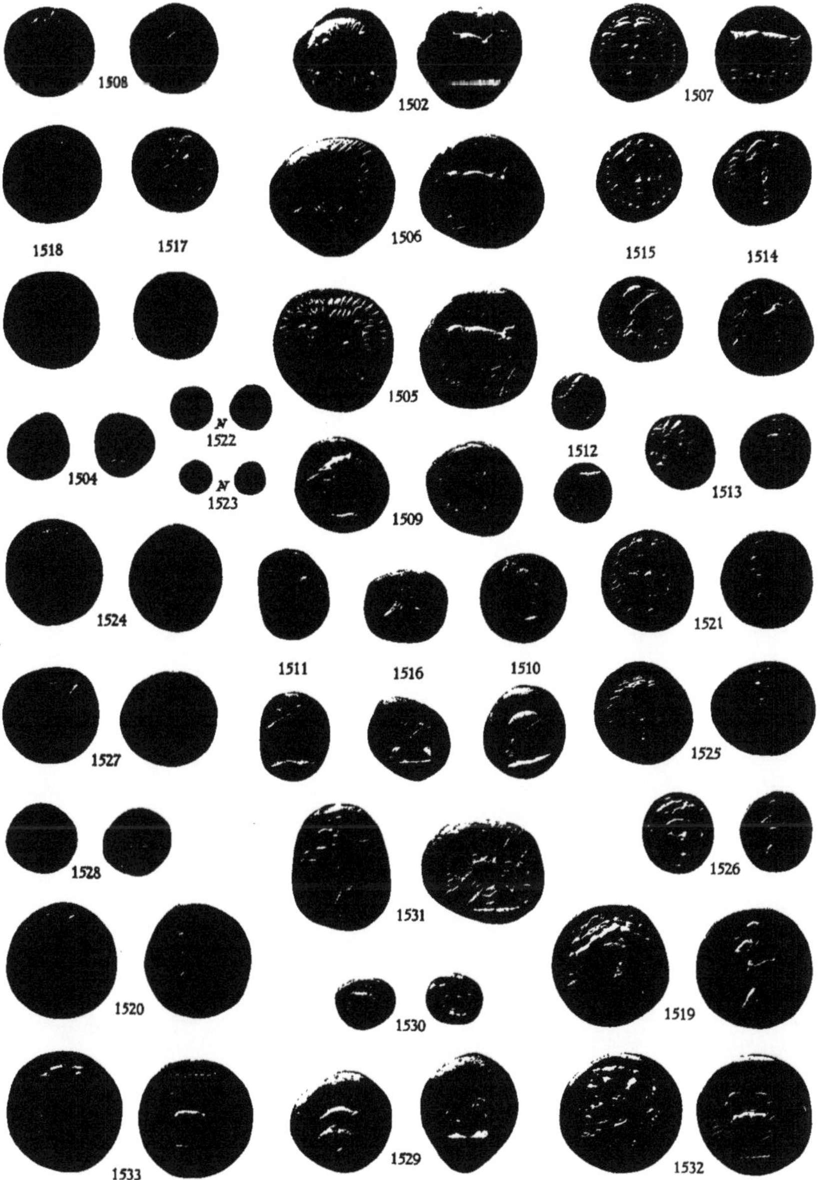
1508
1502
1507
1518
1517
1506
1515
1514
1505
1522
1504
1523
1512
1513
1509
1524
1521
1511
1516
1510
1527
1525
1528
1526
1531
1520
1530
1519
1533
1529
1532

1538
1534
1536
1539
El.
1542
1535
1545
1537
1540
1541
1548
1543
1547
1553
1556
1544
1551
1552
1560
1557
1546
1559
1558
1554
1549
1555
1562
AV
1565
1550
1567
1561
1563
1564
1568
1573
1566
1570

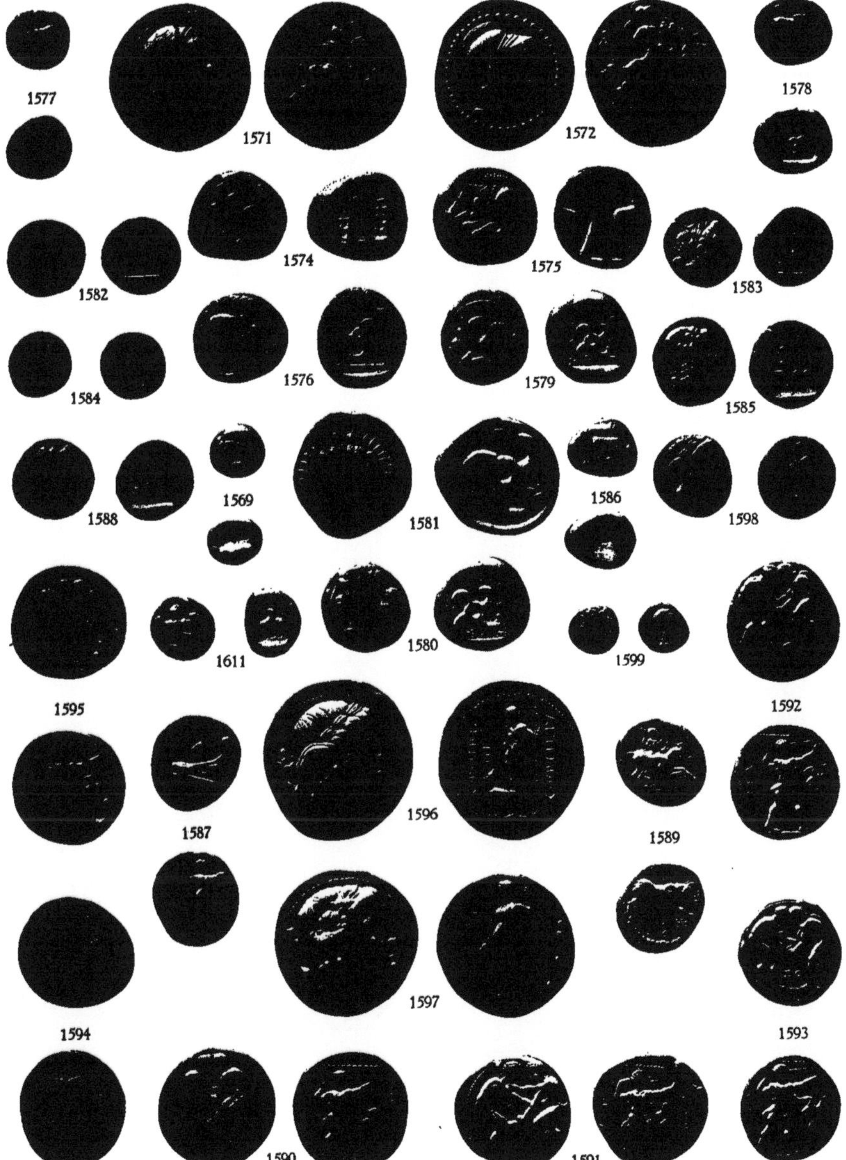
1577
1571
1572
1578
1574
1575
1582
1583
1576
1579
1584
1585
1569
1586
1588
1581
1598
1611
1580
1599
1595
1592
1596
1587
1589
1597
1594
1593
1590
1591

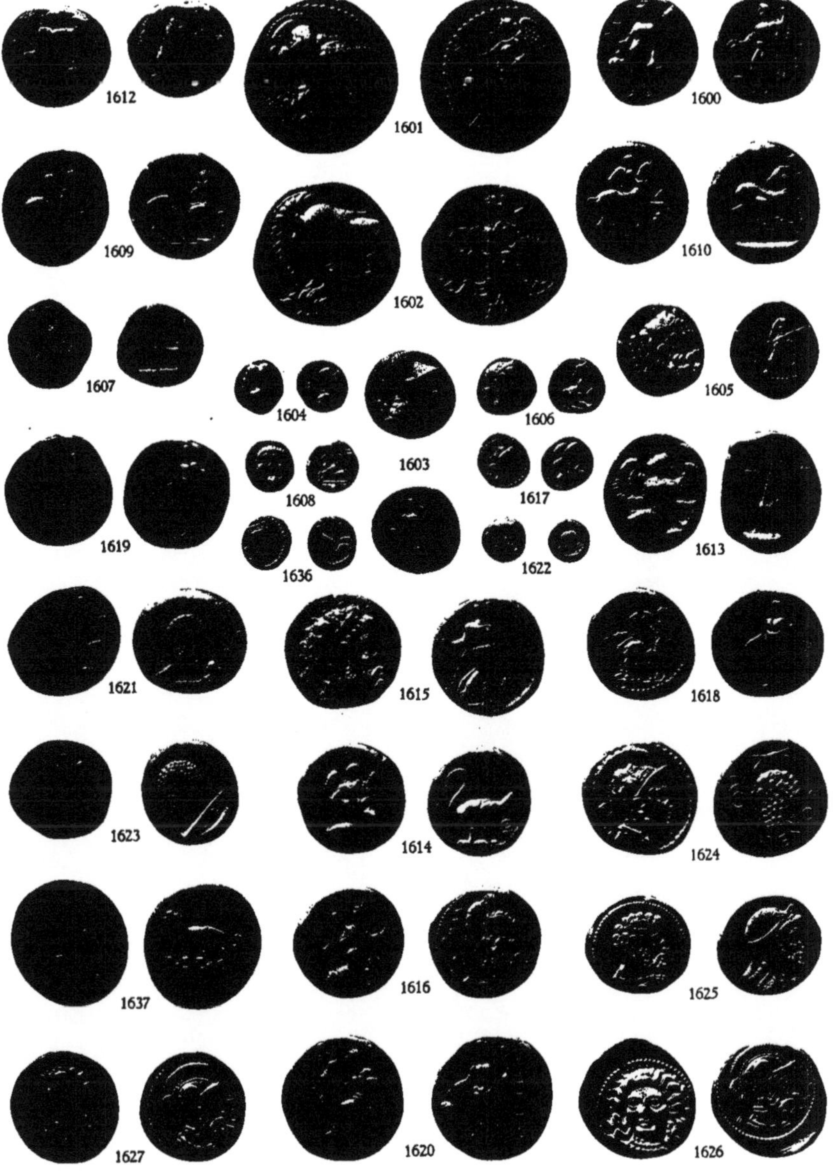
1612
1601
1600
1609
1602
1610
1607
1604
1606
1605
1603
1608
1617
1619
1636
1622
1613
1621
1615
1618
1623
1614
1624
1637
1616
1625
1627
1620
1626

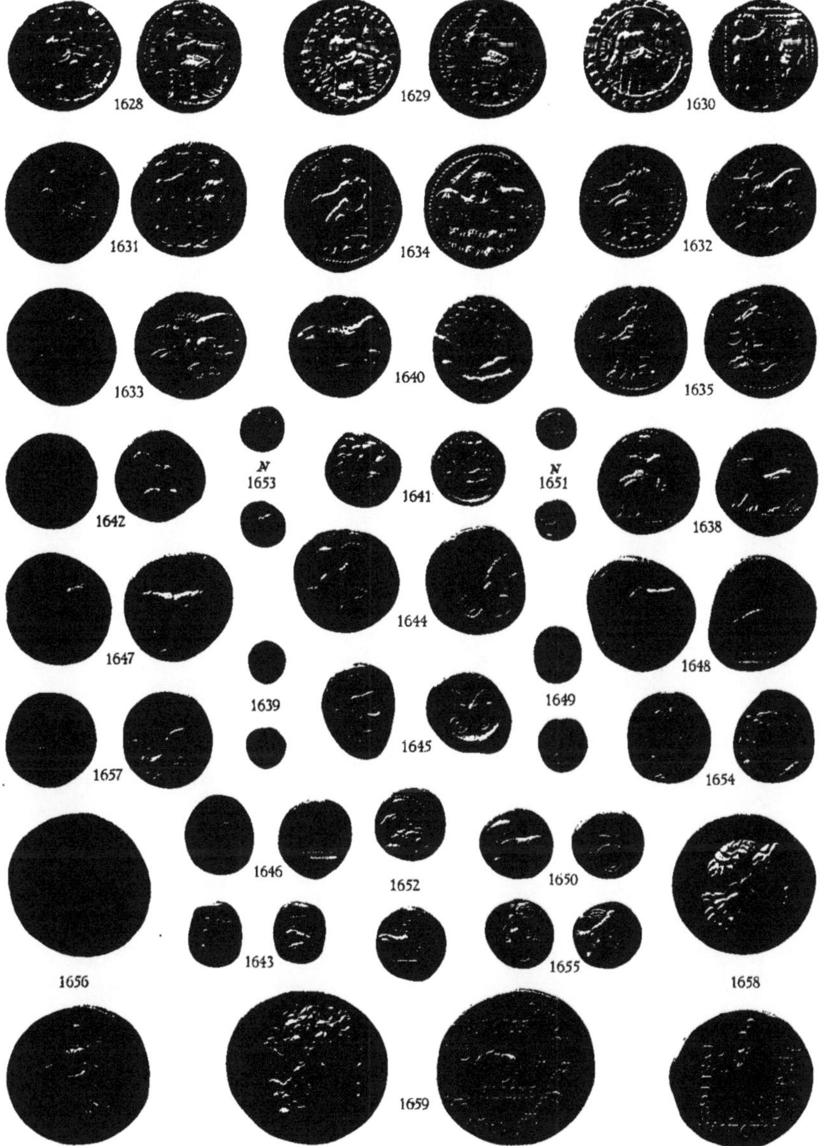
1628
1629
1630
1631
1634
1632
1633
1640
1635
1642
Ɲ 1653
1641
Ɲ 1651
1638
1647
1644
1648
1639
1649
1657
1645
1654
1646
1652
1650
1643
1655
1656
1658
1659

1660
1661
1662
1663
1665
1667
1664
1669
1666
1671
1670
1668
1673
1674
1672
1677
AV
1675
1693
1678
1676

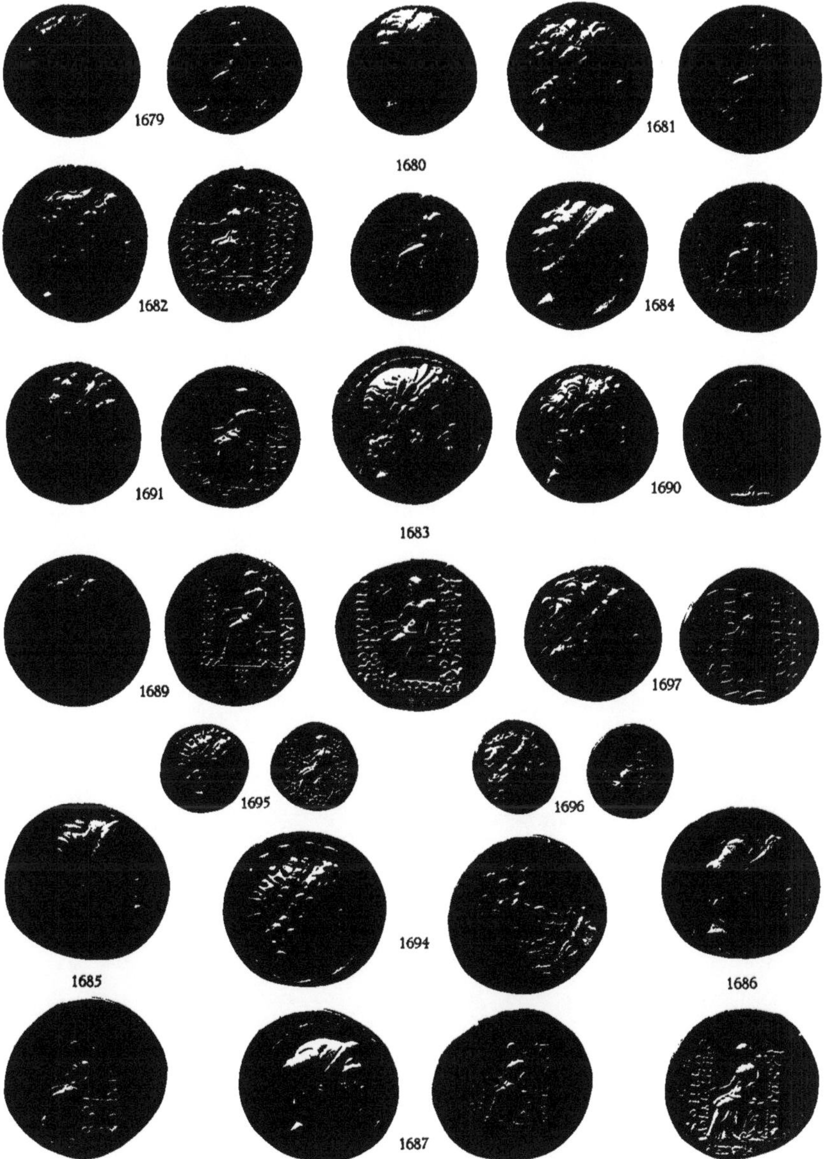
1679
1681
1680
1682
1684
1691
1690
1683
1689
1697
1695
1696
1685
1694
1686
1687

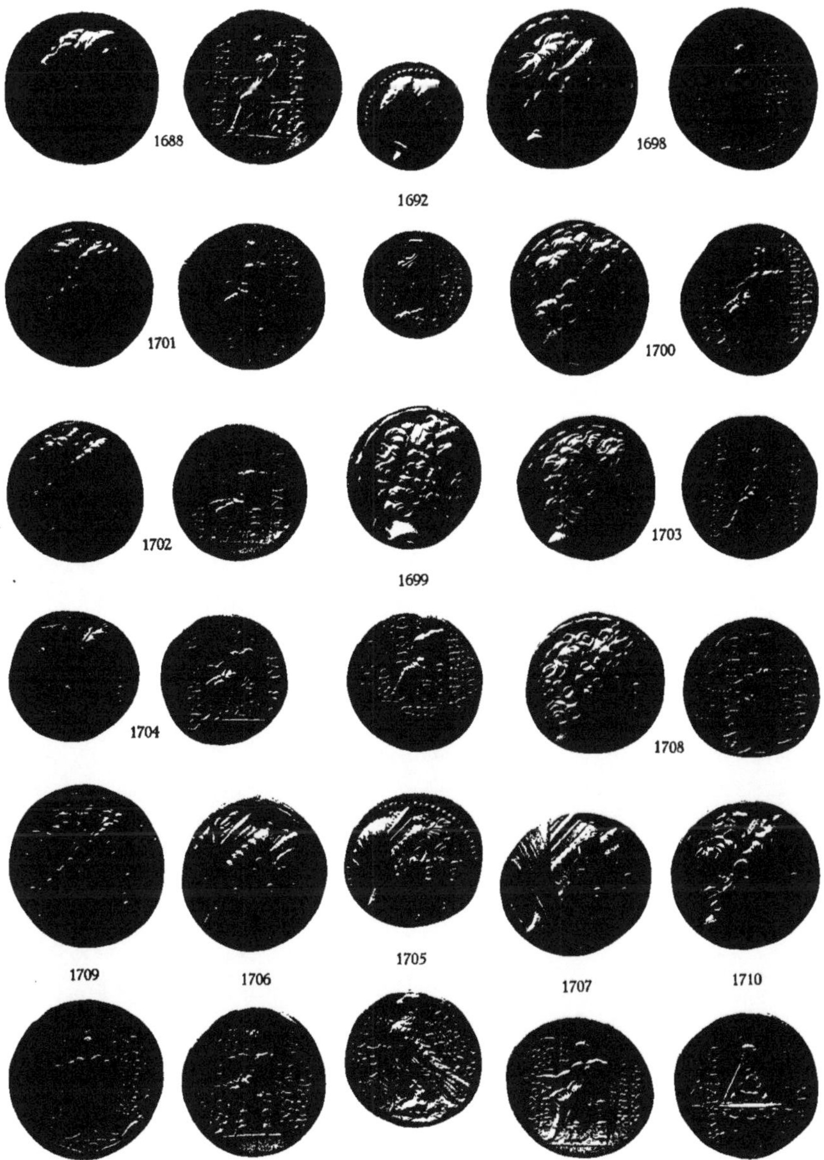
1688
1698
1692
1701
1700
1702
1703
1699
1704
1708
1709
1706
1705
1707
1710

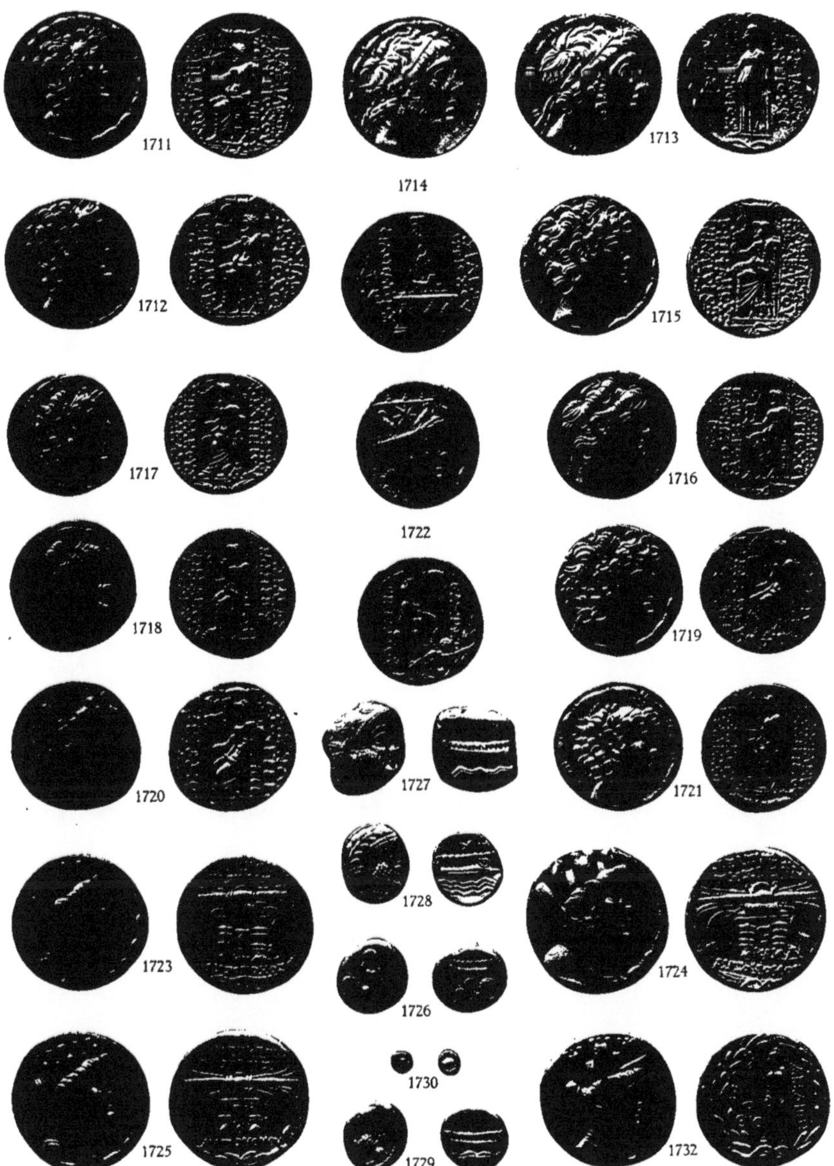
1711
1714
1713
1712
1715
1717
1722
1716
1718
1719
1720
1727
1721
1723
1728
1724
1726
1725
1730
1729
1732

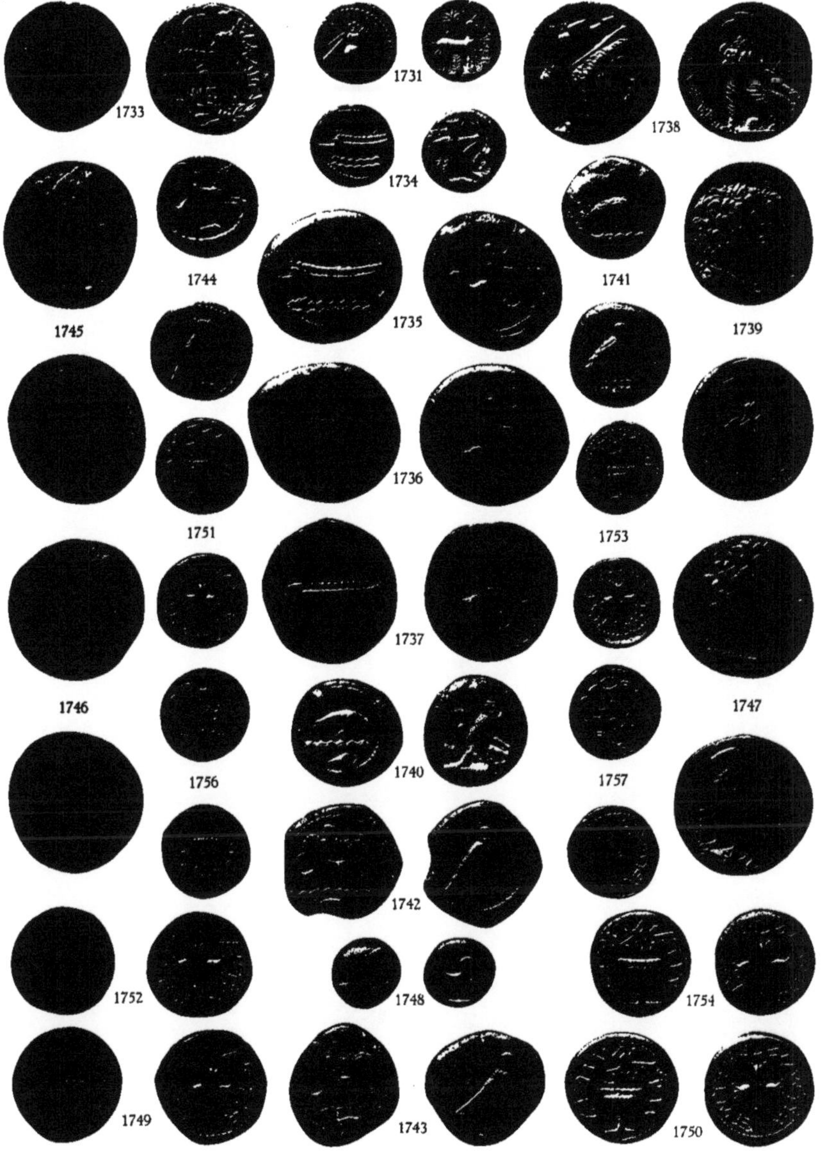
1733
1731
1738
1734
1744
1741
1745
1735
1739
1736
1751
1753
1737
1746
1747
1756
1740
1757
1742
1752
1748
1754
1749
1743
1750

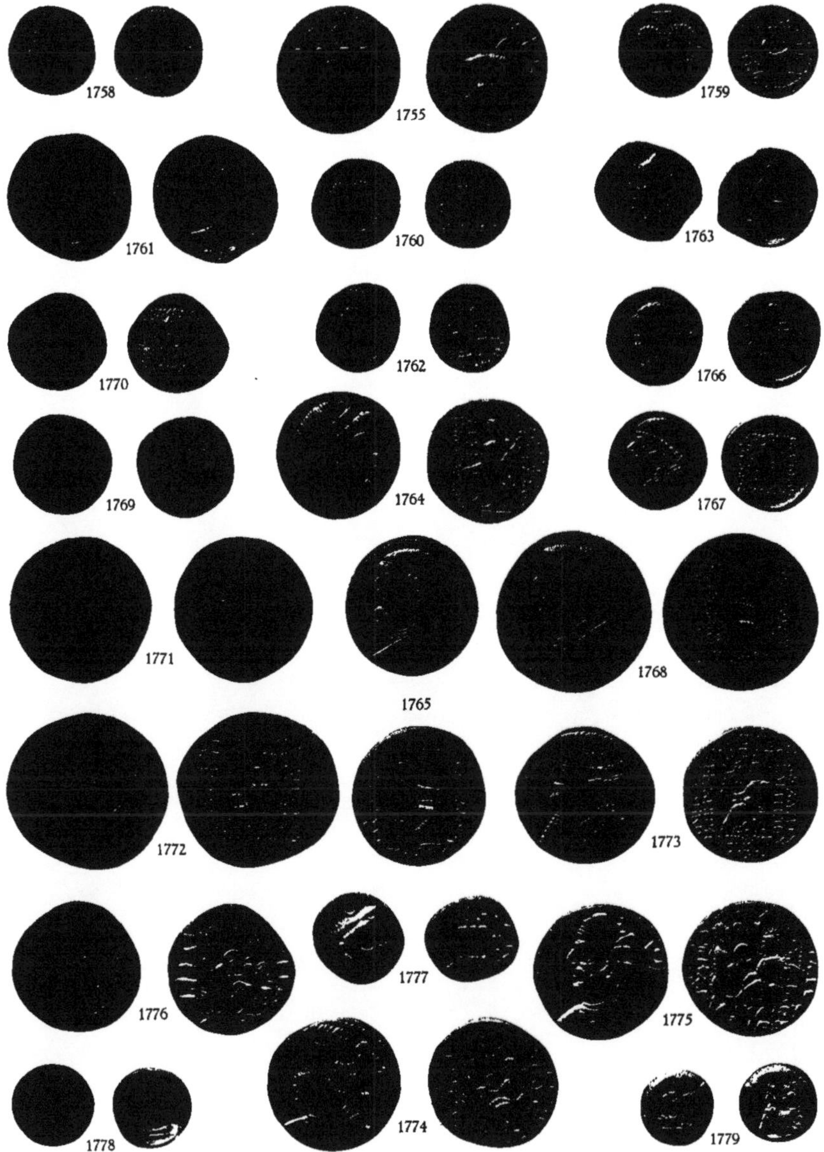
1758
1755
1759
1761
1760
1763
1770
1762
1766
1769
1764
1767
1771
1768
1765
1772
1773
1776
1777
1775
1778
1774
1779

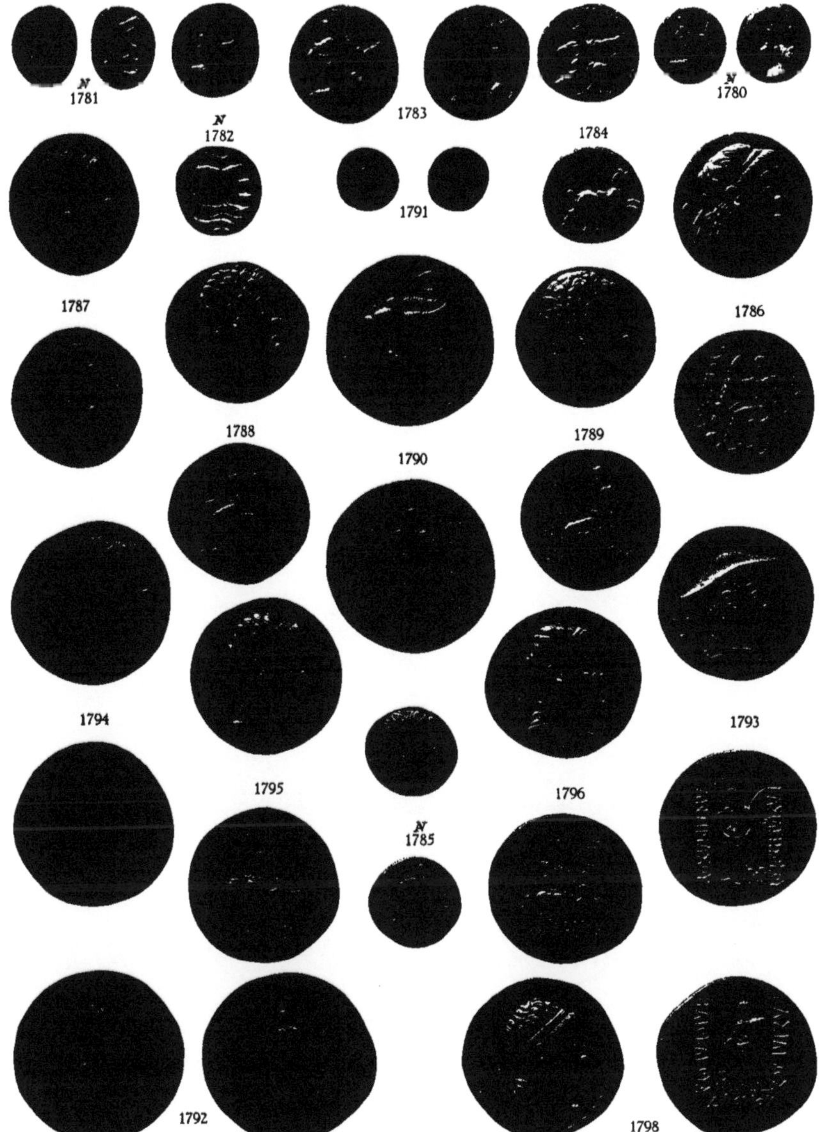
AV
1781
AV
1782
1783
1784
AV
1780
1791
1787
1786
1788
1790
1789
1794
1793
1795
1796
AV
1785
1792
1798

1799
1797
1800
1802
1803
1806
1801
1804
1807
1805
1808
1811
1817
1812
1809
N
1818
1813
1814
1810
1816
1815
N
1820
N
1819
N
1821

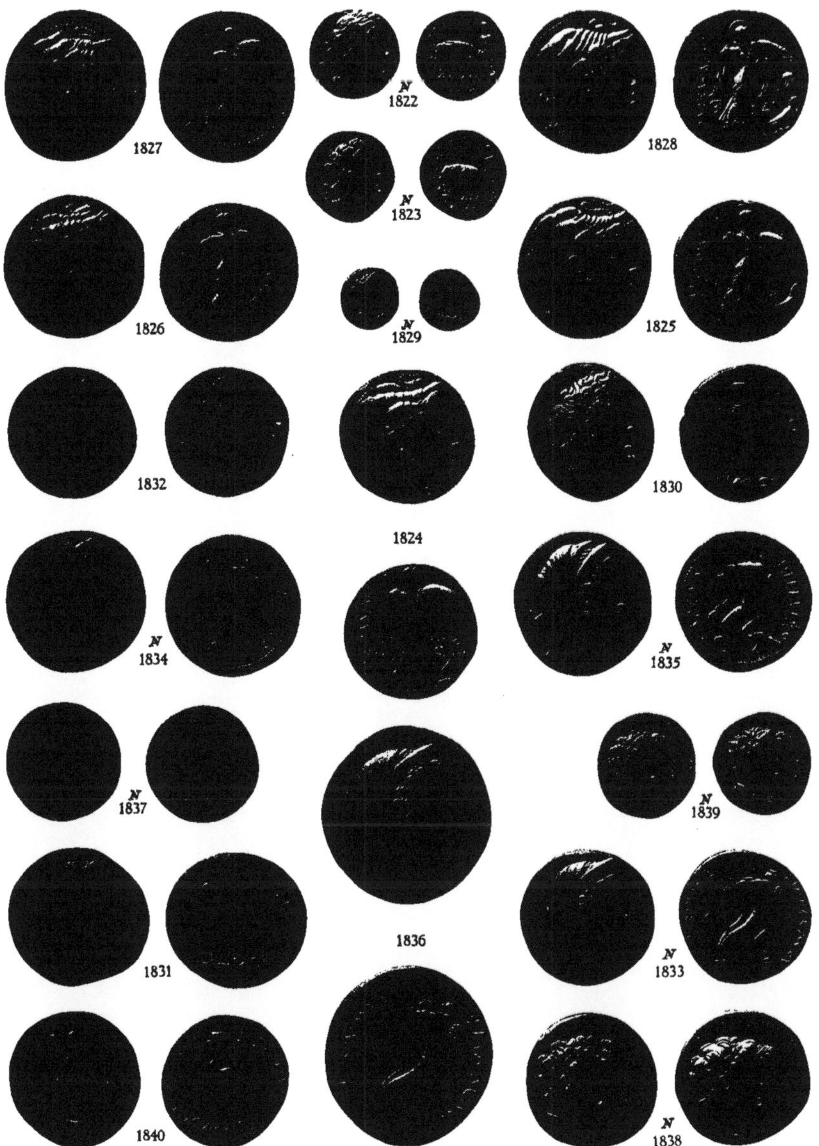
1827
AV 1822
1828
AV 1823
1826
AV 1829
1825
1832
1830
1824
AV 1834
AV 1835
AV 1837
AV 1839
1831
1836
AV 1833
1840
AV 1838

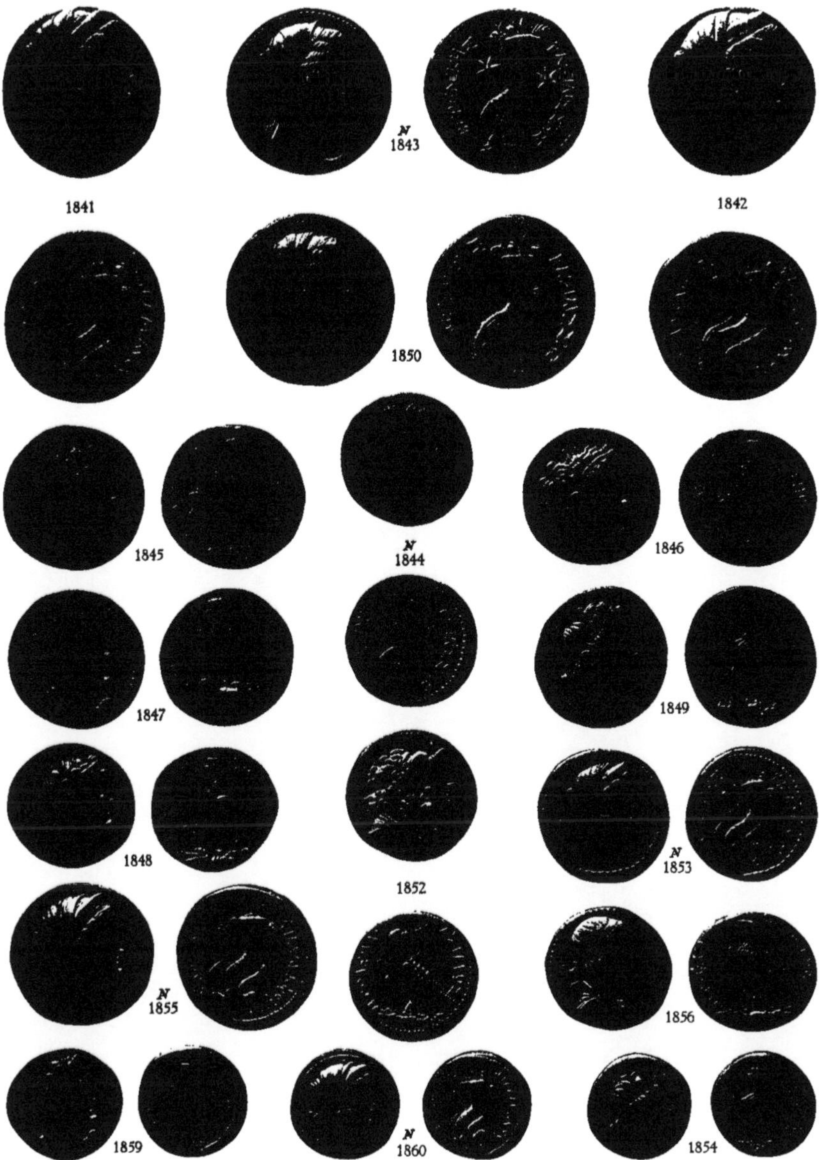

1841 · Ɲ 1843 · 1842

1850

1845 · Ɲ 1844 · 1846

1847 · 1849

1848 · 1852 · Ɲ 1853

Ɲ 1855 · 1856

1859 · Ɲ 1860 · 1854

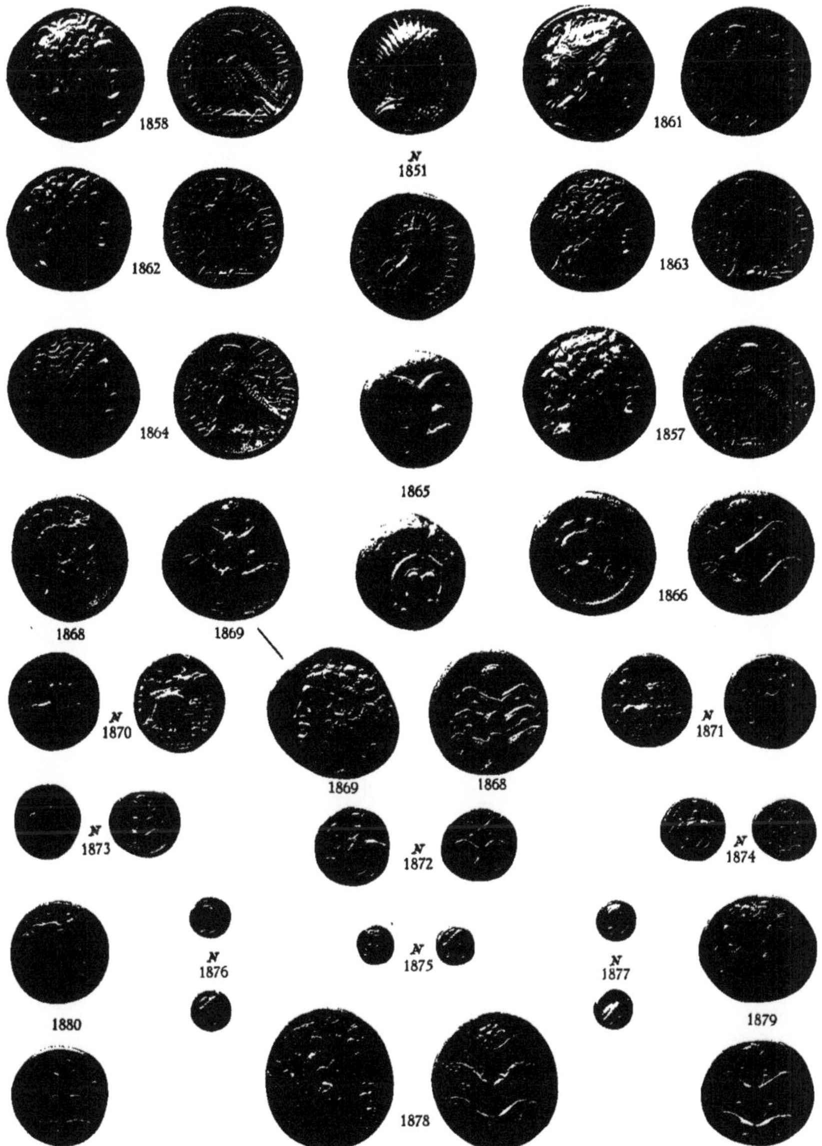
1858
1861
N
1851
1862
1863
1864
1857
1865
1868
1869
1866
N
1870
1869
1868
N
1871
N
1873
N
1872
N
1874
N
1876
N
1875
N
1877
1880
1879
1878

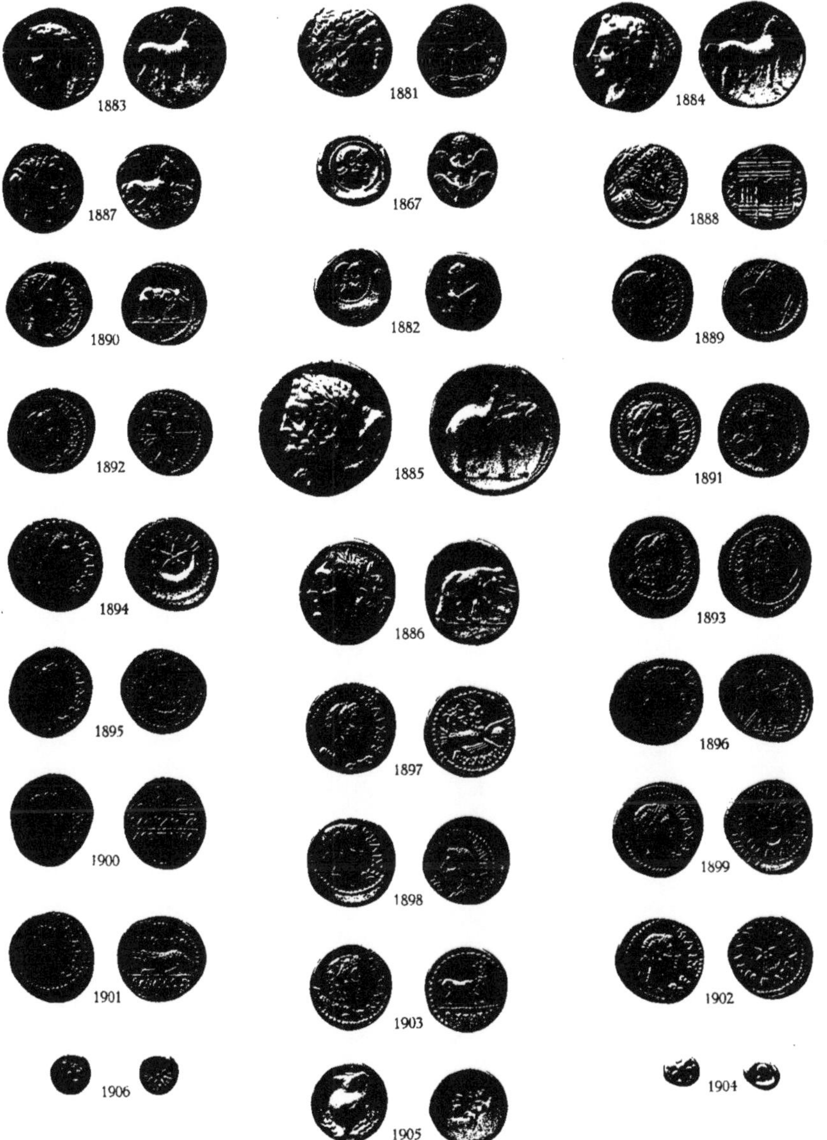
1883
1881
1884
1887
1867
1888
1890
1882
1889
1892
1885
1891
1894
1886
1893
1895
1897
1896
1900
1898
1899
1901
1903
1902
1906
1905
1904

www.ingramcontent.com/pod-product-compliance
Ingram Content Group UK Ltd.
Pitfield, Milton Keynes, MK11 3LW, UK
UKHW021103270726
13993UKWH00006B/480

9 782329 578248